Wilfried Peper

Norfolk und Norwich Terrier

Praktische Ratschläge für Haltung, Pflege und Erziehung

Mit 59 Abbildungen, davon 34 farbig

Verlag Paul Parey · Hamburg

Weitere Bände in der Reihe „Dein Hund“

Der Afghane und andere orientalische Windhunde • Airedaleterrier • Der Basset • Der Beagle • Bearded Collie • Berner Sennenhunde • Bernhardiner • Der Bobtail • Bouvier des Flandres • Der Boxer • Der Bullterrier • Der Cairn Terrier • Cavalier-King-Charles-Spaniel • Der Chihuahua • Der Chow-Chow • Collie und Sheltie • Der Dackel • Der Dalmatiner • Der Deutsche Schäferhund • Der Dobermann • Die Dogge • Foxterrier • Golden und Labrador Retriever • Greyhound und andere Windhundrassen • Große Münsterländer • Der Hovawart • Jack-Russell-Terrier • Der Kromfohrländer • Der Leonberger • Der Malteser • Mischlingshunde • Der Mops • Neufundländer • Der Pekingese • Pinscher und Schnauzer • Der Pudel • Der Riesenschnauzer • Der Rottweiler • Schlittenhunde • Setter und Pointer • Der Shih-Tzu • Der Spaniel • Der Spitz • Terrier • Ungarische Hirtenhunde • West Highland White Terrier • Der Yorkshire Terrier • Dienst- und Gebrauchshunde • Erziehung und Ausbildung des Hundes • Dein Hund auf Ausstellungen

Die Kapitel „Ernährung“ und „Gesundheit“ wurden von Dr. med. vet. Peter Brehm verfaßt.

Die Deutsche Bibliothek – CIP-Einheitsaufnahme
Norfolk und Norwich Terrier : praktische Ratschläge für Haltung, Pflege und Erziehung / Wilfried Peper. – 1. – 6. Tsd., – Hamburg : Parey, 1995
(Dein Hund)
ISBN 3-490-07619-2
NE: Peper, Wilfried

Anschrift: Spitalerstraße 12, D-20095 Hamburg
Gesamtherstellung: Druck- + Verlagshaus Wienand, Köln
Umschlaggestaltung: Jürgen Meyer, Hamburg
Printed in Germany
ISBN 3-490-07619-2

Wilfried Peper

Norfolk und Norwich Terrier

Herausgegeben unter dem Patronat
des Verbandes für das Deutsche
Hundewesen e.V., Dortmund

Vorwort

Norfolk und Norwich Terrier sind selbst unter den an Besonderheiten nicht eben armen englischen Terrierrassen ein Kapitel für sich.

Sie gehören zu den kleinsten unter den niederläufigen Terriern und verkörpern gleichzeitig dermaßen ausgeprägt den Typus „Terrier“ mit all seinen Qualitäten, daß sie immer wieder zur heimlichen Liebe für viele der Großen unter den Terrierleuten wurden. Diese wiederum kamen und kommen nicht umhin, regelmäßig ihrer Verwunderung darüber Ausdruck zu verleihen, daß diese Rassen nicht erheblich populärer wurden als sie sind.

Norfolk und Norwich haben eine lange gemeinsame Vergangenheit unter dem Rassenamen Norwich Terrier – und waren doch schon längst zwei Rassen, die ersichtlich mehr unterschied als nur die Ohrhaltung, bevor sie als zwei Rassen anerkannt wurden. Sie sind – mit rassespezifischen Nuancierungen – quirlige, unternehmungslustige Kobolde, rabiate Rattler, begeisterte Kumpane von Pferd und Reiter oder hingebungsvolle Spielgefährten und fröhliche Begleiter; es sind Hunde, die ein behagliches Zuhause ebenso zu schätzen wissen wie einen Stallbesuch bei vierbeinigen Freunden oder intensive Betätigung auf freiem Felde.

Was Wunder, daß sie in Großbritannien und den USA, in den skandinavischen Ländern und nun auch in Zentraleuropa über einen festen Kreis von Liebhabern verfügen, der sich bislang stetig, aber maßvoll erweitert hat, ohne Norfolk und Norwich Terrier zu Moderassen werden zu lassen.

Dieses Buch über Norfolk und Norwich Terrier soll den Züchtern beider Rassen helfen, ihre Zuchtverantwortung bewußter zu tragen; vor allem aber soll es dazu beitragen, aus Interessenten, die zwei verwandte Rassen von besonderem Charme für sich entdeckt haben, sachkundige Rasseliebhaber zu machen. Wenn solche Terrierliebhaber dann als kritische Partner von Züchtern dafür sorgen, daß diese nur gesunde, wesensfeste und – im Sinne der Rassestandards – schöne Norfolk und Norwich Terrier zu züchten bemüht sind, braucht auch bei steigender Popularität niemand um die Zukunft dieser liebenswerten Terrierrassen zu fürchten.

Dortmund, im Sommer 1995
Dr. Wilfried Peper

Danksagung

Mein Dank gilt allen Züchtern, die die ihnen gebotene Möglichkeit genutzt haben, dieses Buch mit aktuellen Fotos typischer Hunde ihres Zwingers zu bereichern und meine Arbeit auf diese Weise zu unterstützen.

Zu Dank verpflichtet bin ich auch jenen Rassekennern, deren fachkundige Unterstützung mir die Formulierung der „praktischen" Kapitel, zu denen insbesondere das Trimming zählt, ganz wesentlich erleichtert hat.

Dr. Wilfried Peper

Bildnachweis

Titelbild
Elke Peper, Norfolk-Zwinger „Peppermint", Dortmund, und Povl Olsen, Praesto, DK

Seiten 24, 26, 32, 54, 68, 112
Povl Olsen, Praesto, DK

Seiten 25, 50, 51, 56, 57, 66, 80 oben links, 85, 88, 100
Karin und Heinz Wack, Norwich-Zwinger „v. Rittersee", Georgenhausen

Seite 27
Eva und N. Kox, Norwich-Zwinger „v. Kiependrägerdorf", Nettetal

Seiten 28, 58, 62, 76, 91, 105, 117
Elke Peper, Dortmund

Seite 35
J. Nielsen, Skensved, DK
(Foto: David Dalton, U.K.)

Seite 39
Renate Dolz, München

Seite 65
Andrea Schulz, Norwich-Zwinger „of Hemlock's Gang", Schierling

Seiten 45, 80, 96
Roberto, Gronau

Die Zeichnungen auf den Seiten 30, 31, 37, 41, 46, 48, 49 und 72 wurden von Renate Dolz, München, angefertigt.

Die übrigen Abbildungen stammen aus der Sammlung des Verfassers.

Inhalt

Ursprung und Entwicklung der Rassen

Norfolk und Norwich Terrier sind die überaus munteren und aktiven, mit viel Charme und Persönlichkeit gesegneten Nachfahren von beinharten kleinen roten Arbeitsterriern, die in der zweiten Hälfte des vorigen Jahrhunderts vornehmlich in East Anglia – und dort vor allem in Cambridgeshire und der Grafschaft Norfolk – von Farmern und Pferdezüchtern zur Bekämpfung der Mäuse-, Ratten- und Kaninchenplage gehalten wurden.

Der Grundstein dafür, daß sie zu dem wurden, was sie heute sind, legten in der Zeit von 1880 bis 1932 einige bemerkenswerte Hundeleute, deren Zuchtbemühungen von beträchtlichen Wirrungen, unglaublichen, jedoch vorzüglich genutzten Glücksfällen und einer lang anhaltenden Unfähigkeit gekennzeichnet waren, sich über das Zuchtziel, soweit es das anzustrebende äußere Erscheinungsbild „ihrer“ Hunde betraf,

Früh übt sich, was ein Rattler werden will. "The first lesson". Lithographie, London 1867

vernünftig zu verständigen – weshalb es im Endeffekt ja auch zwei Rassen wurden.

Wenn aus derartigen Entwicklungen indessen so attraktive Rassen entstehen, dann müssen diese in der Tat beträchtliche Qualitäten aufweisen.

Von welchem Kaliber das „Ursprungsmaterial" war, ist schon daran zu erkennen, daß sich sogar gewerbsmäßige Raubzeugvernichter, wie überliefert ist, in Ausübung ihrer ambulanten Tätigkeit die Rattlerqualitäten dieser zumeist kippohrigen (sofern die Ohren nicht kupiert waren!), mit rötlichem Rauhhaar ausgestatteten Hunde zunutze gemacht und von den Säuberungsleistungen gelebt haben, die ihre meist dutzendstarken Meuten auf den Getreidefarmen von East Anglia vollbrachten.

Außerdem geht die Mär, daß bereits zu Beginn des 19. Jahrhunderts Zigeuner mit kleinen, roten, rabiat scharfen Terriern wildernderweise durch diese Region gezogen seien, was jedoch von Rassemythen unangekränkelte Quellen nicht erwähnen. Warum sollten sie auch? Schließlich müssen bei britischen Rassen, wenn es denn darum geht, deren Ursprung romantisch zu verklären, mit nachgerade beängstigender Regelmäßigkeit die Zigeuner herhalten.

Wirklich erwähnenswert ist dagegen, daß in der Zeit zwischen 1855 und 1870 zahlreiche bildliche Darstellungen Hunde zum Gegenstand haben, die heutigen Vertretern der Rassen Norfolk und Norwich Terrier bemerkenswert ähnlich sind: so z. B. die bekannten Bildnisse von Heppner (1857) und Howe (1863), eine 1867 bei Brooks erschienene Lithographie (The first lesson) sowie ein sehr schönes, ungemein ausdrucksstarkes, leider unsigniertes Ölgemälde (S. 11), das Norfolk und Norwich Terrier ebenso treffend charakterisiert wie Sir E. Landseers „Dignity and Impudence" den West Highland White Terrier. Vor allem wird in diesem Bild deutlich, was unter Kennern dieser jagdfreudigen Rassen stets unbestritten war: Das Vernichten von Raubzeug, insbesondere von Ratten (‚ratting') ist ihre zweite Natur. Kein Wunder also, daß sich sehr viele Jäger unter den Pionieren dieser Rassen befanden.

Deren Schläge von kleinen roten oder rötlichbraunen rauhhaarigen Terriern, die als mehr oder weniger planvoll gezüchtete gemeinsame Vorläufer von Norfolk und Norwich gelten können, sind erst relativ spät, nämlich gegen Ende des 19. Jahrhunderts gesichert nachweisbar – doch bekanntlich wird keine Hunderasse dadurch besser, daß man sie älter macht als sie ist.

Und schließlich war es genau dieser Zeitraum, der Höhepunkt des Jahrhunderts der Kynologie, in dem auf breiter Front aus mehr oder weniger rasselosen Gebrauchshundschlägen von in der Regel begrenzter regionaler Verbreitung Hunderassen entstanden,

Ein ungemein typischer, ausdrucksvoller Rassevorläufer bei seiner Lieblingsbeschäftigung
Ölgemälde, Sammlung des Verfassers

die sich gegenwärtig großer Wertschätzung und Verbreitung erfreuen.

Sheila Monckton hat vor einigen Jahrzehnten, Anfang der 60er Jahre, liebevoll und akribisch die züchterischen Bemühungen und Eskapaden der Pioniere unserer Rassen aufgezeichnet:

- mit Beschreibungen der unterschiedlichsten Versuche, durch das Einkreuzen von Hunden geeignet erscheinender Rassen die jeweiligen persönlichen – jedoch vielfach keineswegs immer ganz klaren – Vorstellungen vom erwünschten Phänotyp (dem äußeren Erscheinungsbild) zu verwirklichen; peinliche Mißgriffe, z. B. mit einem Bedlington Terrier, inklusive;
- mit Hinweisen auf zum Teil fanatische Vorlieben oder Abneigungen in bezug auf bestimmte Farben, Ohrformen und Ohrhaltungen (wobei spezielle Liebhaber von Stehohren die Ohren notfalls kupierten, auch als dies vom Kennel Club und später vom englischen Tierschutzgesetz längst verboten war!) und nicht zuletzt
- mit sorgfältigen Angaben über die Abstammung jener Hunde, die von Anbeginn bis in die 60er Jahre die Entwicklung der Rassen nachhaltig geprägt haben.

Unter Berücksichtigung der überaus pointierten Ausführungen, die in Hutchinson's Dog Encyclopaedia, kurz nach der Anerkennung als Rasse, zum Thema Norwich Terrier erschienen, dürften es demnach zwei relativ eng miteinander verbundene Quellen sein, aus denen Norfolk und Norwich Terrier ihre Entstehung konkret herleiten können:

- Ein Kreis von Züchtern, der in den 80er Jahren des vorigen Jahrhunderts vor allem in Cambridge, Newmarket und Norwich – mit Intuition, etlichen Hunden erstaunlicher Abkunft und viel Glück – auf der Basis von kleinen roten Terriern arbeitete, die ein nachgerade berühmter Hundehändler – zu jenen Zeiten noch kein übermäßig ehrenrühriger Job – namens Charles „Doggy“ Lawrence verkaufte. Diese Hunde wurden als ‚Cantab‘ oder ‚Trumpington‘ Terrier bekannt.
- Ein gestandener Pferdemann namens Frank Jones, den sie „Roughrider“ nannten, baute auf Nachzucht aus eigenen kleinen Irish Terrier-Hündinnen (‚Irish mites‘) und dem seinerzeit mit Recht berühmten Vererber Rags, einem feuerroten, stehohrigen Trumpington, der außerdem über das erwünschte harsche glatte Haar verfügte. Jones war ein Mann, der wußte, was er züchterisch wollte: scharfe kleine Rattler mit Stehohren in den Farben Rot oder Black and Tan, weshalb er gezielt geeignete Einkreuzungen vornahm. Seine Terrier gingen in alle Welt, insbesondere in die USA, wo diese

Hunde nur ‚Jones Terrier' genannt wurden; er selbst nannte sie ‚Norwich Terrier'.

Über die von Doggy Lawrence vornehmlich an Studenten in Cambridge für Wettkämpfe im „Ratpit" verkauften kleinen roten Terrier, die Cantabs, heißt es im Hutchinson, diese seien nichts anderes als kleine Irish Terrier gewesen. Vieles spricht für die Richtigkeit dieser Feststellung und für die Annahme, daß es sich hier um Abkömmlinge jener etwa 10 Inches kleinen Irish Terrier handelte, die Captain Vaughan, Master of the Foxhounds aus Ballybrick, in Irland etwa seit 1860 gezüchtet hatte, um endlich Hunde zu haben, die in der Lage waren, Füchsen in ihren Bau zu folgen.

Ein anderer Hutchinson-Hinweis betrifft in diesem Zusammenhang die umstrittene Abbildung „Kate and Badger", die 1875 im Lifestock Journal erschien: Wegen ihrer roten Farbe von vielen als Irish Terrier reklamiert, von anderen wiederum als Scottish Terrier angesehen, dürfte es sich bei den dargestellten Hunden wohl um ohrenkupierte kleine Irish Terrier gehandelt haben, die dort als „Norwich Terrier jener Zeit" bezeichnet werden.

Immerhin wurden 1873 auf einer Hundeausstellung in Dublin 10 In-

Kate and Badger, Lifestock Journal, July 1875

ches kleine Miniature Irish Terrier ausgestellt, deren Beschreibung auf diese Hunde zutrifft. Die Frage, in welchem Umfang Doggy Lawrence über Hunde dieses Schlages verfügen konnte, muß offen bleiben; sicher dürfte indessen sein, daß er bei seinen selbstgezüchteten Hunden nicht nur Ballybricks, sondern auch die in East Anglia heimischen roten Terrier sowie Yorkshire Terrier verwendet hat und im übrigen Kipp- und Hängeohren zu kupieren pflegte. Ein wirkliches Highlight für die weitere Entwicklung setzte dann Mr. Jodrell Hopkins aus der Trumpington Street in Cambridge. Er züchtete aus der Verbindung eines Cantab-Rüden von Doggy Lawrence mit seiner dunkelgestromten Aberdeen Terrier-Hündin jenen auch heute noch vorzeigbaren Rüden Rags, den er an Mr. Jack Cooke, den Master of the Norwich Staghounds, verkaufte. Rags erwarb sich als Vererber schnell einen geradezu legendären Ruf. Insbesondere die Welpen, die aus seiner Verbindung mit Ninety, der stehohrigen, weißen Terrier-Hündin des engagierten Züchters Lewis „Podge“ Low aus Norwich fielen, waren allesamt rot, stehohrig und hatten gutes Haar. Welpen aus diesen Würfen erwarb – neben einem gewissen Frank Jones! – im Jahre 1909 auch ein Mr. R. „Jack“ Read, der nach wüsten Experimenten mit einem Bedlington und einem Stafford Bull Terrier wohl zur alten Trumpington-Linie zurückfand und 1929 mit Horstead Mick einen roten, stehohrigen Rüden züchtete, der als einer der bedeutendsten Vererber für die heutigen Norwich Terrier gilt.

Daß Frank Jones sich zu Beginn seines erfolgreichen Wirkens für die Objekte unseres besonderen Interesses auf Trumpington Terrier und insbesondere auf besagten Rags stützte, kann nicht verwundern: Jack Cooke war sein Arbeitgeber und die Qualität der Trumpingtons für einen Hundekenner unübersehbar. Frank Jones gelang es schon bald, durch geschicktes Einkreuzen von Cairn, Glen of Imaal und Yorkshire Terriern sein Zuchtziel zu erreichen – was ihn nicht daran hinderte, eine Anerkennung dieser Hunde als Rasse entschieden abzulehnen und, als es schließlich doch dazu kam, die Konsequenzen zu ziehen.

Seine Hunde wurden jedenfalls als Jones Terrier schnell ein Begriff. Daran änderte sich auch nichts, als er seine Zuchttätigkeit nach Market Harborough bei Norwich verlegte, wo er in die Dienste des bekannten Pferdehändlers John Henry Stokes trat. Im Gegenteil: Seine zu dieser Zeit gezüchteten Hunde wurden in alle Welt exportiert und in den USA schnell zur dominierenden Linie. In England bestimmten seine Hunde und deren Nachzucht in den Zwingern einiger neuer, ausgesprochen talentierter Züchter nachhaltig die

Three pets. Lithographie von B. A. Howe, 1863

Entwicklung: So gehen die Hunde des „Farndon"-Zwingers von Mr. und Mrs. West unmittelbar auf Jones Terrier zurück, und schließlich gilt die berühmte Hündin Flossie, deren noch berühmtere black-and-tan-farbene Tochter Brownie die Stammutter der Norwich Terrier von Mrs. Fagan wurde, ebenfalls als Jones Terrier.

Obwohl sich die Züchter der nun real existierenden kipp- und stehohrigen Norwich Terrier über ein einheitliches äußeres Erscheinungsbild, zumindest was Farben und Ohrhaltung anbetrifft, auch gegen 1930 noch nicht einig waren, bemühten sie sich dennoch beim Kennel Club um die Anerkennung der Norwich Terrier als Rasse und planten die Gründung eines Norwich Terrier Clubs. Durchaus mit Erfolg: 1932 erkannte der Kennel Club die Norwich Terrier als

Rasse an, wenngleich hinsichtlich des Rassestandards die strittigen Fragen noch nicht abschließend entschieden waren. Kein geringerer als A. Croxton Smith wies deshalb schon im August 1932 darauf hin, daß „die Ohrhaltung wahrscheinlich eine Menge Schwierigkeiten bereiten werde, da sowohl Stehohren als auch Hängeohren vorkommen."

Anläßlich der ersten Ausstellung mit Klassen für die Rasse Norwich Terrier, die 1932 in Richmond stattfand, kam es dann durch 13 engagierte Züchter zur Gründung des Norwich Terrier Clubs mit R. J. Read („Horstead") als Präsident und Mrs. Normandy-Rodwell („Airmans") als Clubsekretärin.

Der erste offizielle Rassestandard wurde 1933 veröffentlicht. Dort hieß es zu den strittigen Punkten:

- „Ohren, wenn aufrecht, etwas größer als die von Cairns; wenn gekippt, sehr zierlich und klein, und **korrekt** gekippt."
- „Haar und Farbe: rot (einschließlich rot-weizenfarben), black-and-tan oder grizzle."

Jack Read hatte sich mit seinen Vorstellungen (Farbe: rot; Stehohren „so klein wie möglich") also nicht durchsetzen können und trat zurück – doch die Ohr-Probleme blieben. Zwar war es erlaubt, beide Ohrtypen miteinander zu kreuzen, doch waren die Züchter klug genug, von dieser Möglichkeit praktisch keinen Gebrauch zu machen: Die Aussicht, bei der Nachzucht hinsichtlich der Ohrhaltung im Kreuzungsfalle nur eines leidlich sicher voraussagen zu können, nämlich einen steigenden Anteil nicht eben erfreulich anzusehender Flatterohren, führte so zwangsläufig zu einer faktischen Trennung der Rasse nach Ohrtypen. Dies war sicherlich positiv für beide Varietäten, mußte aber, angesichts der „Vorgeschichte" dieser beiden Ohrformen in der Rasse, mittelfristig mit Differenzierungen auch bei anderen Standardmerkmalen einhergehen.

1935 schließlich erteilte der Kennel Club für die Rasse auch die Berechtigung, auf Ausstellungen das CC (challenge certificate / Anwartschaft auf den Championtitel) zu erlangen. Damit konnte endlich die Galerie der Champions eröffnet werden.

Waren vor dem 2. Weltkrieg von den sechs Champions der Rasse noch drei kippohrig und drei stehohrig, wobei mit Ch. Biffin of Beaufin die kippohrige Varietät den ersten Champion stellte, so änderte sich dies in der Nachkriegszeit gründlich. Zwar wurden nach wie vor mehr kippohrige als stehohrige Norwich Terrier gezüchtet, doch holten nun die stehohrigen den Löwenanteil an CCs und Championtiteln; und auf Ausstellungen lagen die Meldezahlen der Kippohrigen zu Beginn der 60er Jahre gerade noch bei einem Viertel der Stehohrigen.

Immer stärker wurden so die Zei-

Norwich Terrier mit Schildkröte. Gemälde von Walter A. Weber

chen, die auf Trennung hindeuteten, doch der Kennel Club zeigte sich in dieser Hinsicht wenig aufgeschlossen; selbst der ebenso sinnvolle wie pragmatische Vorschlag, bei der Eintragung von Norwich Terriern den Zusatz ‚Stehohr' oder ‚Kippohr' zu verwenden, die Rasse also offiziell in zwei Varietäten zu unterteilen, fand keine Gnade. Zwar hatte der angesehene Richter Leo Wilson bereits 1951 geschrieben: „Zwischen der stehohrigen und der kippohrigen Varietät gibt es mehr Unterschiede als bloß die Ohren, und das macht das Richten äußerst schwierig", doch hinderten den Kennel Club solche Erkenntnisse nicht, zwischen 1957 und 1963 fünfmal das entsprechende, beharrlich eingebrachte Gesuch des Norwich Terrier Clubs abzulehnen.

Ende 1963 schließlich begann der Kennel Club Einsicht zu zeigen, um 1964 dann radikal zu entscheiden: Steh- und kippohrige Norwich Terrier sind nicht zwei Varietäten einer Rasse, sondern zwei separate Rassen.

So mutierten dann im September 1964 die kippohrigen Norwich Terrier zu Norfolk Terriern, während die stehohrigen den Namen Norwich Terrier behielten.

Little Jane of Biffin. Kopfstudie von C. Francis Wardle

Bereits im Oktober 1964 wurde der Norfolk Terrier Club gegründet. Seine erste Präsidentin war Miss Macfie, deren Zwinger „Colonsay“ als Markstein in der Geschichte der Norfolks gilt.

1965 konnten auf Cruft's dann erstmalig die CCs für Norfolk und Norwich Terrier als selbständige Rassen vergeben werden.

Da einige renommierte Zwinger sich der Zucht von Norfolk **und** Norwich Terriern verschrieben hatten, kam es auch zu keinerlei Rivalität zwischen den beiden Klubs zulasten der weiteren Entwicklung ihrer Rassen. Im Gegenteil, sie entwickelten sich in Zucht und Ausstellung besser als zuvor.

Als wichtigste der „alten“ englischen Norfolk-Zwinger sind zu nennen: „Airmans“, „Colonsay“ (1933 - 1965), „Waveney Valley“ (1842 - 1959), „Ragus“ (seit 1943), „Hunston“ (1948 - 1974), „Kirkby“ (1948 - 1980), „Gotoground“ (1953 - 1965), „Nanfan“ (seit 1953), „Vicbrita“ (seit 1955), „Wymbur“ (1957 - 1969), „Withalder“ (1958 - 1974), „Leddington“ (seit 1960), Ravenswing (seit 1963), „Ickworth“ (1965 - 1981) - wobei „Nanfan“ und „Ragus“, die CCs und Championtitel zu Hauf errangen, auch heute noch dominieren.

Als bedeutende jüngere Zwinger sind zu erwähnen: „Cracknor“, „Crackshill“, „Daffran“, „Elve“, „Hatchwoods“, „Jaeva“, „Nathans“, „Ryslip“, „Squirreldene“, „Titanium“ und „Wuncroft“, wobei insbesondere „Cracknor“ und „Jaeva“, neben „Nanfan“ und „Ragus“, die Zucht auf dem Kontinent nachhaltig beeinflußt haben.

Bei den Norwich Terriern ist die im Laufe der Jahre gewachsene Liste bedeutender Zwinger beinahe noch imponierender: „Airmans“, „Horstead“, „Neachley“, „Farndon“, „Foxybrook“, „Jericho“, „Quartzhill“, „Norford“, „Wychdale“, „Wheatnor“, „Allercombe“, „Whinlatter“, „Turtillus“, „Ragus“, „Mefmark“, „Colycroft“, „Whithalder“, „Norstead“, „Culswood“, „Bluecedars“, „Montelimar“, „Thrumptons“, „Waleric“, „Daffran“, „Bargrange“, „Hoylebank“, „Wemakaro“, „Redash“, „Squirreldene“, „Tyka“, „Elve“, „Trundell“, „Crackshill“, „Jaeva“ und „Norfinn“.

Unter den ersten 25 der Genannten befinden sich mehr als ein Dutzend von geradezu legendärem Ruf; und es wäre für besonders engagierte neue Züchter schon lohnend, sich darüber anhand von Spezialliteratur (z. B. durch das Rassespezialheft des KfT) gesondert zu informieren. Als besonders erfreulich ist nach einem Blick auf die Zwingerübersichten zu erwähnen, daß sich auch heute noch etliche Spitzenzwinger beiden Rassen widmen.

In den USA wurden Norfolk und Norwich – zunächst als Jones-Terrier – schon sehr früh heimisch und geschätzt. Bereits 1914 kam der erste Jones-Terrier (mit kupierten Ohren) nach Pennsylvania; in den 20er Jahren begründeten der Cheshire Hunt Club of Philadelphia und einige andere Jagdklubs „eigene Zwinger zur reinrassigen Zucht von Norwich Terriern als Jagdgehilfen."

„Diese Hunde sind für die Meutejagd gezüchtet" heißt es dazu im amerikanischen „Atlas of Dog Breeds of the World". 1936 erkennt der American Kennel Club (AKC) die Norwich Terrier (steh- und kippohrig) als Rasse an, übernimmt aber erst 1979 die in England vom Kennel Club vollzogene Trennung der Ohr-Varietäten in die Rassen Norfolk und Norwich Terrier.

Joan Read gibt in ihrem vorzüglichen Buch „The Norfolk Terrier" den wohl zutreffenden Hinweis, daß in den USA die genetische Basis der Rassen, insbesondere beim Norfolk, erheblich breiter ist als im Mutterland der Rasse selbst.

Daß auch die Qualität stimmt, bewies 1993 ihr Norwich- Rüde Ch. Chidley Willum The Conqueror mit seinem Best in Show-Sieg auf der berühmten Westminster Show.

In Deutschland fanden Norfolk und Norwich Terrier erst sehr spät Beachtung und noch später Züchter mit dem erforderlichen langen Atem.

Als Nummer 1 der Norwich Terrier erscheint 1973 Thrumptons Lady Pat im KfT-Zuchtbuch, und bei den Norfolks erfolgt die Zuchtbucheintragung der Nummer 1, Ickworth Penny Ha'Penny, einer 1975 importierten Hündin, gar erst 1977.

Bei den Norwiches kam das Zuchtgeschehen trotz hochkarätiger Importe durch einige angesehene Zwinger, die mit diesen Hunden und deren Nachzucht sogar F.C.I.-Weltsiegertitel gewannen, anfangs einfach nicht in Gang. Erst seit Mitte der 80er Jahre geht es dann auch quantitativ kontinuierlich aufwärts, wobei der durchhaltestarke Zwinger „vom Litzlbach" und in jüngster Zeit die Zwinger „of Hemlock's Gang" und „vom Rittersee" mit selbstgezogenen Hunden auch F.C.I.-Weltsiegertitel erringen konnten.

Darüber hinaus leisten noch einige kleinere Zwinger höchst respektable Arbeit. Inzwischen werden von über

20 Züchtern über 140 Welpen pro Jahr gezogen; Tendenz deutlich steigend.

Bei den Norfolks hat „Allright“, als Zwinger der ersten Stunde auch heute noch aktiv, die Verbreitung der Rasse in Deutschland nachhaltig gefördert und in den fast 20 Jahren seines Bestehens auch zahlreiche Champions und vier F.C.I.-Weltsieger feiern können. Von Anfang bis Mitte der 80er Jahre trat der auf Ragus-Hunde aufgebaute, heute in der Terrierzucht leider nicht mehr aktive Zwinger „Le Piqueur“ mit drei selbstgezüchteten Weltsiegern hervor; und seit Ende der 80er Jahre sind es die Norfolks des bis dato für Westies bekannten Zwingers „Peppermint“, der trotz Zucht in sehr kleinem Umfang zahlreiche Championtitel und in drei aufeinanderfolgenden Generationen vier Weltsiegertitel errang, beginnend mit Ch. Gainsay Air Proof (1988) über dessen Sohn Ch. Peppermint Flying Cracker (1991), der zudem als erster Norfolk in Deutschland Best in Show auf der Klubsiegerschau des KfT wurde und die bedeutendsten europäischen Titel gleich mehrfach gewann, sowie Ch. Gainsay Star is Born (1991) bis hin zur Cracker-Tochter Ch. Peppermint Breathtaking (1995).

Inzwischen züchten mehr als 10 engagierte Norfolk-Zwinger im KfT über 70 Welpen pro Jahr.

Die Erfolge der Peppermints und der jungen Norwich-Züchter sind im übrigen auch die eindrucksvolle Bestätigung der Richtigkeit eines Grundsatzes, den Kay Southwick (Hunston), eine der großen alten Damen der englischen Norfolk-Szene, formulierte und der für beide Rassen gilt: „Halte nie mehr Norfolks als Du Deine persönliche Aufmerksamkeit widmen kannst.“

Gerade weil die Zucht von Norfolk und Norwich Terriern sich in Deutschland derzeit quantitativ und qualitativ auf einem beachtlichen Stand befindet, scheinen einige Anmerkungen und Hinweise angebracht:

Das Potential an profilierten Züchtern ist in beiden Rassen inzwischen so gewachsen, daß die Chancen von „Rassegurus“, ihre persönlichen Vorlieben innerhalb der gegebenen Möglichkeiten beider Rassen ohne Rücksicht auf deren Gesamtwohl durchzusetzen oder gar bestimmte Schwachstellen ihrer Hunde als ‚rassetypisch‘ zu verkaufen, zum Glück für die Rassen weiter sinken werden.

Diese erfreuliche Entwicklung könnte noch verstärkt werden durch eine Intensivierung der Zusammenarbeit über nationale Grenzen hinweg, durch rückhaltlos ehrliche Information der Züchter untereinander und durch sorgfältige Beratung und Motivation von Züchtern, die bereits bei anderen Rassen ihre Kompetenz bewiesen haben und nach etwas „handlicheren“ Rassen Umschau halten. Dann hätte die Zukunft beider Rassen in Deutschland wirklich erst begonnen.

Zwei berühmte Ahnen: Little Jane of Biffin und Biffin of Biffin

In diesem Zusammenhang sind jedoch auch einige deutliche Warnungen angebracht:

- Norfolk und Norwich Terrier gehören zu den kleinen Terrierrassen; es wäre kriminell, bestimmten Modeströmungen folgend – nach der bei manchen anderen kleinen Rassen eingerissenen Methode: ‚Wenn klein gefordert ist, dann ist so klein wie möglich noch besser als klein' – die im Standard genannte Idealgröße züchterisch gezielt zu unterschreiten.
- Die genetische Bandbreite beider Rassen ist, was das eingesetzte Zuchtpotential anbetrifft, in Europa nicht gerade übermäßig groß. Sie ist jedoch beim Norfolk im Zweifel erheblich größer als beim Norwich; dies gilt im übrigen generell und ist in der Entwicklungsgeschichte der Rassen begründet. Außerdem finden wir, was die Verbreitung der verschiedenen Fellfarben unserer beiden Rassen anbetrifft, beim Norfolk noch weit überwiegend das tiefrote, zumeist herr-

Norfolk Terrier. Radierung von M. Brinkmann (Niederlande), 1993

lich harsche Haar, sehr selten Black-and-Tan und extrem selten die übrigen Farben, während beim Norwich beträchtliche Anteile von Black-and-Tan, Grizzle oder Wheaten neben den verschiedensten Rotnuancen anzutreffen sind.

Sollten angesichts der aktuell erfreulichen Situation beider Rassen nun einige Farbfetischisten auf die Idee verfallen, verstärkt „auf Farbe“ zu züchten, so wäre dies zumindest für die Norwich Terrier angesichts der zwangsläufigen Genomverengung auf breiter Front ein Irrweg, der gesundheitliche Risiken geradezu heraufbeschwören müßte. Gleiches gilt hinsichtlich des Black-and-Tan für „Farbreinzucht“-Absichten beim Norfolk Terrier. Um es ganz deutlich zu sagen: Im Rahmen des vom Standard Erlaubten können Norfolk oder Norwich Terrier keine schlechten Farben haben.

Die wirklichen Qualitäten von Norfolk und Norwich Terriern sind glücklicherweise jenseits der Fellfarben zu suchen und in erfreulicher Fülle auch zu finden.

Charakter und Eigenschaften der Rassen

Norfolk und Norwich Terrier von typischem Wesen verkörpern in ausgeprägter Weise ein Spektrum von Eigenschaften, das jener Typus Mensch besonders zu schätzen weiß, von dem Stanley Dangerfield sagte: „Manche Leute haben Terrier im Blut."

Daß die Wesensmerkmale beider Rassen – trotz einiger interessanter rassespezifischer Unterschiedlichkeiten – weitgehend übereinstimmen, ist nachgerade selbstverständlich angesichts der langen gemeinsamen Geschichte und des identischen Verwendungszweckes zu jenen Zeiten, da sich Norfolk und Norwich als Arbeitsterrier – und nicht wie heute vorwiegend als Familien- und Begleithunde – hervortaten.

Beide sind schneidige, furchtlose, raubzeugscharfe Energiebündel, die vor Tatendrang sprühen. Bezeichnenderweise sollen ja auch heute noch „bei ehrlicher Arbeit erworbene Narben" selbst dann nicht negativ zu Buche schlagen, wenn diese robusten kleinen Kraftpakete mit solcher „Zierde" im Ausstellungsring erscheinen. Hier läßt das Erbe der Vorläufer der Rassen herzlich grüßen: das der „Trumpingtons" und „Cantabs", die sich im „Ratpit" als Rattenbeißer produzieren durften, sowie das Erbe ihrer Vettern aus Norfolk, die als Arbeitsterrier über Jahrzehnte bei Farmern und Pferdezüchtern den Bestand an Ratten und Mäusen zu dezimieren hatten. Einige jagdlich geführte wurden und werden gar zu Pferde zum „Arbeitsplatz" gebracht, um sich mit Füchsen in deren Bauten zu messen. Diese komfortable Art des Transports, die die betreffenden Hunde offenbar ebenso genießen wie die meisten Vertreter beider Rassen das Autofahren, hat im übrigen nichts mit mangelnder Lauffreudigkeit oder -fähigkeit zu tun – was das anbetrifft, sind insbesondere Norfolk Terrier durchaus in der Lage, selbst hochläufige Jagdhunde sehr alt aussehen zu lassen. Der Grund liegt schlicht darin, daß sie von intelligenten Jägern zweckmäßigerweise erst direkt am Fuchsbau eingesetzt werden, um dort mit voller Kraft zu Werke zu gehen.

Darüber hinaus gehören Norfolk und Norwich nicht zu den „lautjagenden" Rassen, sondern zu den mit einer vorzüglichen Nase ausgestatteten stillen Fährtensuchern, die erst dann Laut geben, wenn sie am Objekt ihrer Begierde sind.

Neben den beschriebenen „harten" Wesensmerkmalen, die der Welt des typischen Arbeitsterriers entstammen, müssen Norfolk und Norwich auf der anderen Seite aber auch das „zweite Gesicht“ dieses Typs von Terrierrassen angemessen verkörpern: Sie dürfen nicht streitsüchtig sein und müssen – wie es der Standard zu nennen beliebt – über eine „liebenswürdige Veranlagung“ verfügen.

Dabei ist zumindest das geforderte Nichtvorhandensein von Streitsucht (mit anderen Worten: Norfolk und Norwich Terrier dürfen keine Raufer sein) letztlich auch eine Folge der Züchtung auf Jagdtauglichkeit. Da steh- und hängeohrige Norwich Terrier – um es historisch korrekt zu sagen – häufig in Meuten zum Einsatz kamen, waren einfach nur Hunde brauchbar, die gegenüber den anderen Meutehunden ein hohes Maß an Verträglichkeit zeigten.

Der konsequenten Beachtung dieses Merkmals können wir es zuschreiben, daß es noch heute bei Norfolk und Norwich Terriern möglich ist, eine größere Anzahl von Rüden und Hündinnen jeden Alters zusammenzulassen, ohne die Harmonie der Meute durch Beißereien beeinträchtigt zu sehen – sofern nicht die Hundehalter schwerwiegende Fehler machen.

Die liebenswürdige Veranlagung schließlich macht beide Rassen zu idealen Familienhunden: Freundlich und verschmust, pfiffig und fröhlich, anhänglich und zuweilen von fast zärtlicher Zuneigung, außerordentlich lieb zu Kindern und den Segnungen eines geordneten Haushaltes deutlich zugetan, genießen Norfolk und Norwich ihren Platz als anerkannte Mitglieder des Familienrudels, das sie mit all ihren Kräften zu verteidigen bereit sind.

Darüber hinaus sind beide Rassen äußerst wachsam, wobei das nicht selten auffallend hohe und kreischende oder auch heisere Gebell dieser Terrier mit jeder Alarmanlage konkurrieren kann. Im übrigen können Norfolk und Norwich ihre „liebenswürdige Veranlagung“, ihren Schutzinstinkt – letztlich ihre gesamte Terrierpersönlichkeit – nur voll entwickeln, wenn sie in Haus und Familie gehalten werden.

In den mehr als dreißig Jahren der „Rassentrennung“ haben sich neben den beträchtlichen Gemeinsamkeiten in Wesen von Norfolk und Norwich jedoch auch einige Unterschiedlichkeiten herausgebildet, die inzwischen als rassetypisch gelten können und bei den jeweiligen Hunde-Individuen mehr oder weniger deutlich ausgeprägt und erkennbar sind.

Norwich Terrier sind unglaublich lebhafte und fröhliche Hunde, die ihr überschäumendes Temperament munter ausleben und dabei mit wedelnder Rute ihrem Gemütszustand Ausdruck verleihen. Sie haben sich problemlos an das Leben in der

Stadt angepaßt – sind also ideale Familienhunde für Städter, sofern diese dem Bewegungsdrang ihrer Hunde Rechnung tragen – und scheinen, wie Joan R. Read feststellt, sogar die Gesellschaft „ihrer" Menschen der Gesellschaft ihrer Artgenossen vorzuziehen.

Norfolk Terrier sind urwüchsiger, wohl auch unabhängiger geblieben und lassen noch deutlicher den „Arbeitsterrier" erkennen; sie sind von freundlicher, jedoch hochkonzentrierter Aufmerksamkeit, wobei ihre Rute nicht wedelt, sondern vibriert; sie werden häufiger von Jagdleidenschaft oder Rennlust gepackt und verwandeln sich, wenn herausgefordert, zu kleinen Berserkern, deren zu allem entschlossener Ausdruck nicht blufft.

Zu den besonderen Facetten des Norfolk-Charakters zählt darüber hinaus, daß Norfolk Terrier in der Regel zwar ausgeglichener, weniger besitzergreifend im Umgang mit Menschen sind als Norwich Terrier, dafür jedoch im Rudel auf Unterschiede in der Verteilung menschlicher Zuwendung zumeist höchst eifersüchtig reagieren.

Und schließlich zeigt ein Norfolk Terrier in aller Regel noch deutlicher als ein Norwich, daß er der Auffassung ist, ein großer Hund zu sein: Diese Auffassung wird gelegentlich auch gegenüber körperlich klar überlegenen Hunden zum Ausdruck gebracht,

was bei aller Cleverness nur dann absolut harmlos ist, wenn es sich um einen wesensfesten Widerpart handelt.

Wer es gut meint mit diesen beiden Rassen, die Charme und „Terrierspirit“ so ansprechend in sich vereinen, wird bei Zucht, Aufzucht und Haltung dem Wesen dieser Terrier zumindest den gleichen Stellenwert einräumen müssen wie ihrem äußeren Erscheinungsbild.

In diesem Zusammenhang sind eine Ausbildung zum verkehrssicheren Begleithund oder Fährtenarbeit, vor allem aber Agility als Ausbildungs- und Betätigungsfelder sehr zu empfehlen.

Da Norfolk und Norwich Terrier, wie ihre Vorläufer, auch erfolgreich Kaninchen jagen und apportieren können – wobei sie vor bestimmten Einsätzen, wie Hutchinsons Experten uns wissen lassen, durchaus längere Zeit in Vorstehpose verharrten (!), eine Haltung, die sich auch heute noch häufig beobachten läßt – liegt es im übrigen nahe, dem Aktionsbedürfnis dieser Rassen durch spielerische Apportierübungen Rechnung zu tragen und ihren Bewegungsdrang so in geordnete Bahnen zu lenken.

Die Rassestandards von Norfolk und Norwich Terrier

Einführung

Rassestandards sind die möglichst eindeutige und umfassende Beschreibung der Körper- und Wesensmerkmale, die das vollkommene Rassetier aufweisen muß. Nach den Bestimmungen der Fédération Cynologique Internationale (F.C.I.), der Dachorganisation des international anerkannten Hundewesens, werden die Rassestandards vom Ursprungsland der Rasse festgelegt.

Das Ursprungsland der Rassen Norfolk und Norwich Terrier ist Großbritannien; die gültigen Rassestandards sind die des Kennel Club. Sie schreiben als F.C.I.-Standard Nr. 272 für den Norfolk Terrier und Nr. 72 für den Norwich Terrier in ihrer bei der F.C.I. jeweils gültig hinterlegten deutschen Fassung folgendes vor.

Ch. Peppermint Breathtaking, F.C.I. Weltsiegerin 1995, in Alltagskondition

Der Rassestandard des Norfolk Terriers

Allgemeines Erscheinungsbild. Kleiner, tiefgestellter, schneidiger Hund, kompakt und kräftig, mit kurzem Rükken, guter Substanz und starken Knochen. Narben, bei ehrlicher Arbeit erworben, sind ehrenhaft und erlaubt.

Charakteristika. Einer der kleinsten Terrier, aber ein Teufelskerl für seine Größe. Liebenswürdige Veranlagung, nicht streitsüchtig, von robuster körperlicher Konstitution.

Wesen. Aufmerksam und furchtlos.

Kopf und Schädel. Schädel breit, nur leicht gerundet, dabei guter Abstand zwischen den Ohren. Kräftiger, keilförmiger Fang. Der Fang ist ca. ein Drittel kürzer als der Schädel; dieser gemessen vom Hinterhauptbein zum unteren Ansatz des ausgeprägten Stop.

Augen. Oval, tiefgebettet, dunkelbraun oder schwarz. Ausdruck lebhaft, forsch und intelligent.

Ohren. V-förmig und mittelgroß, an der Spitze leicht abgerundet, nach vorn fallend und gut an den Wangen anliegend.

Gebiß/Fang. Gut geschlossene Lefzen, kräftige Kiefer, Zähne stark und ziemlich groß; perfektes, regelmäßiges Scherengebiß, wobei die obere Schneidezahnreihe ohne Zwischenraum über die untere greift und die Zähne senkrecht im Kiefer stehen.

Hals. Kräftig und mittellang.

Vorhand. Trockene, gut zurückliegende Schulterblätter, deren Länge in etwa der Länge der Oberarme entspricht. Vorderläufe kurz, kraftvoll und gerade.

Körper. Kompakt, kurz, gerade obere Linie, gut gewölbte Rippen.

Hinterhand. Gut bemuskelt, gut gewinkelte Kniegelenke, tiefstehende Sprunggelenke. Diese sind von hinten betrachtet gerade; sehr ausgeprägte Schubkraft.

Pfoten. Rund mit dicken Ballen.

Rute. Das Kupieren der Rute ist freigestellt.

a) Mittellang kupiert, in gleicher Höhe der Rückenlinie angesetzt und aufrecht getragen.

b) Unkupierte Rute von mäßiger Länge, um dem Hund ein harmonisches Erscheinungsbild zu geben. Am Ansatz dick, sich zur Spitze verjüngend, so gerade wie möglich, unbeschwert, aber nicht übermäßig fröhlich getragen.

Gangart/Bewegung. Korrekt, niedrig, mit gutem Schub. Bewegung aus der Schulter gerade nach vorn. Gute Hinterhandwinkelung ermöglicht eine sehr gute Vortriebskraft.

Die Hinterläufe folgen der Spur der Vorderläufe, sie bewegen sich frei aus der Hüfte. Knie- und Sprunggelenke sehr geschmeidig. Die Rükkenlinie bleibt in der Bewegung gerade.

Haarkleid. Hart, drahtig und gerade, dicht am Körper anliegend. Im Bereich von Hals und Schulter ist das Haar rauher und länger, am Kopf und an den Ohren kürzer und weicher, mit Ausnahme von etwas Barthaar und Augenbrauen. Übermäßiges Trimmen ist unerwünscht.

Farbe. Alle Schattierungen von rot, weizenfarben, schwarz mit tan oder grizzle. Weiße Abzeichen oder Flekken sind statthaft, aber unerwünscht.

Körper

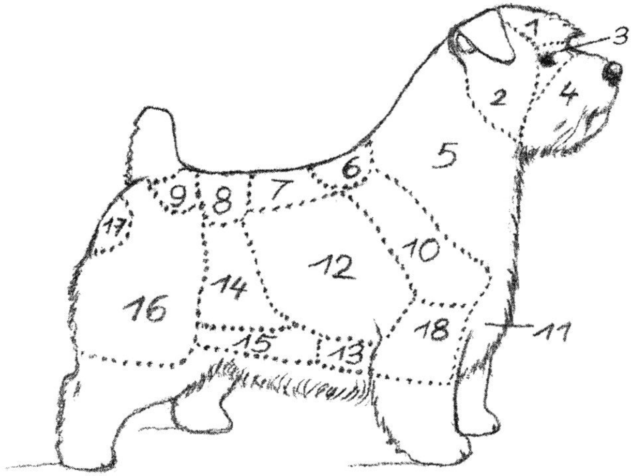

1	Oberkopf	7	Rücken	13	Untere Brust
2	Wangenpartie	8	Lende (Nierenpartie)	14	Flanke
3	Augenregion	9	Kruppe	15	Bauch
4	Vorgesicht	10	Schulter	16	Oberschenkel
5	Hals	11	Vorbrust	17	Sitzbeinhöcker
6	Widerrist	12	Seitliche Brust	18	Oberarm

Größe. Ideale Schulterhöhe: 25 bis 26 cm.

Fehler. Jede Abweichung von den vorgenannten Punkten sollte als Fehler angesehen werden, dessen Bewertung im genauen Verhältnis zum Grad der Abweichung stehen sollte.

Anmerkung. Rüden sollten zwei offensichtlich normal entwickelte Hoden aufweisen, die sich vollständig im Skrotum befinden.

Gebäude

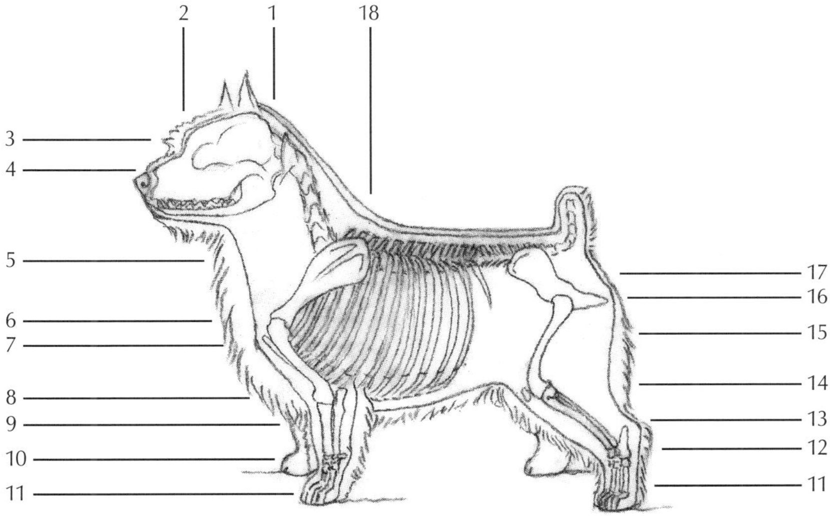

1 Hinterhauptbein
2 Oberkopf
3 Stop (Stirnabsatz)
4 Vorgesicht
5 Schulter
6 Buggelenk
7 Oberarm
8 Ellenbogengelenk
9 Unterarm
10 Vorderfußwurzelgelenk
11 Pfoten
12 Sprunggelenk
13 Unterschenkel
14 Kniegelenk
15 Oberschenkel
16 Hüftgelenk
17 Becken
18 Kruppe
19 Widerrist

Der Rassestandard des Norwich Terriers

Allgemeines Erscheinungsbild. Kleiner, tiefgestellter, schneidiger Hund, kompakt und kräftig, mit kurzem Rükken, guter Substanz und starken Knochen. Narben, bei ehrlicher Arbeit erworben, sind ehrenhaft und sollten nicht unberechtigterweise bestraft werden.

Charakteristika. Einer der kleinsten Terrier. Liebenswürdige Veranlagung, nicht streitsüchtig, unglaublich aktiv, von robuster körperlicher Konstitution.

Wesen. Fröhlich und furchtlos.

Kopf und Schädel. Kräftiger, keilför-

miger Fang. Der Fang ist ca. ein Drittel kürzer als der Schädel, dieser gemessen vom Hinterhauptbein zum unteren Ansatz des ausgeprägten Stop. Leicht gewölbter, breiter Schädel, gute Weite zwischen den Ohren.

Augen. Klein, oval, tiefgebettet, dunkel. Ausdrucksvoll, intelligent und forsch.

Ohren. Aufgerichtet, weit von einander auf dem Oberkopf angesetzt. Mittelgroß und spitz. Perfekt aufrecht, wenn sein Interesse geweckt ist, dürfen sie beim unaufmerksamen Hund zurückliegen.

Gebiß/Fang. Gut geschlossene, trokkene Lefzen, kräftige Kiefer, Zähne stark und ziemlich groß; perfektes, regelmäßiges Scherengebiß, wobei die obere Schneidezahnreihe ohne Zwischenraum über die untere greift und die Zähne senkrecht im Kiefer stehen.

Hals. Kräftig und mit guter Länge, im Einklang mit korrekter, ausgeglichener Gesamterscheinung, dabei harmonisch in gut gelagerte Schultern übergehend.

Vorhand. Vorderläufe kurz, kraftvoll und gerade; Ellenbogen gut am Körper anliegend. Vordermittelfuß fest und aufrecht.

Körper. Kurzer Rücken, kompakt, gute Brusttiefe. Langes Rippenschiff, dieses ist gut gewölbt, kurze Lendenpartie. Gerade Rückenlinie.

Hinterhand. Breit, kräftig und muskulös, gut gewinkeltes Kniegelenk. Tiefstehendes Sprunggelenk mit großer Schubkraft.

Pfoten. Rund, gut gepolsterte Katzenpfoten. Im Stand und in der Bewegung absolut gerade nach vorn gerichtet.

Rute. Das Kupieren der Rute ist freigestellt.

a) Mittellang kupiert, hoch angesetzt, vervollständigt so perfekt die gerade Rückenlinie. Aufrecht getragen.

b) Unkupierte Rute von mäßiger Länge, um dem Hund ein harmonisches Erscheinungsbild zu geben. Am Ansatz dick, sich zur Spitze verjüngend, so gerade wie möglich, hoch getragen, vervollständigt so perfekt die gerade Rückenlinie.

Gangart/Bewegung. Vorderläufe sollten sich gerade nach vorn bewegen, Hinterläufe folgen deren Spur; Sprunggelenke parallel und sehr geschmeidig, damit die Ballen in der Bewegung sichtbar werden.

Haarkleid. Hart, drahtig und gerade, dicht am Körper anliegend, dickes Unterhaar.

Am Hals ist das Haar rauher und länger und formt eine Mähne, welche das Gesicht einrahmt. Kurz und weich an Kopf und Ohren, mit Ausnahme von sehr wenig Barthaar und wenig ausgeprägten Augenbrauen.

Farbe. Alle Schattierungen von rot, weizenfarben, schwarz mit tan oder grizzle.

Weiße Abzeichen oder Flecken sind unerwünscht.

Größe. Ideale Schulterhöhe: 25 bis 26 cm.

Fehler. Jede Abweichung von den vorgenannten Punkten sollte als Fehler angesehen werden, dessen Bewertung im genauen Verhältnis zum Grad der Abweichung stehen sollte.

Anmerkung. Rüden sollten zwei offensichtlich normal entwickelte Hoden aufweisen, die sich vollständig im Skrotum befinden.

Interpretation der Rassestandards von Norfolk und Norwich Terrier

Mit der Beschreibung der Merkmale, die ein vollkommener Rassehund aufweisen muß, setzt ein Rassestandard gleichzeitig auch Normen, die für Züchter und Richter verbindlich sind – er ist damit Maßstab und Leitlinie für Zucht und Bewertung. Je präziser und umfassender die Beschreibung der Körper- und Wesensmerkmale eines Hundes ist, desto klarer sind demnach auch die Vorschriften, desto eindeutiger die Maßstäbe, an die sich Züchter und Richter halten müssen und können.

Die Rassestandards für **Norfolk** und **Norwich** Terrier sind in diesem Sinne durchaus brauchbare Standards, denn sie beschreiben – von wenigen Punkten abgesehen – die Merkmale von Hunden dieser Rassen im wesentlichen so deutlich, daß sowohl beim **Norfolk** als auch beim **Norwich** Terrier ernsthafte Auffassungsunterschiede über den „korrekten Typ“ bislang nicht ausgefochten werden mußten und diesen Rassen wohl auch künftig erspart bleiben dürften.

Dennoch hätten sich wohl manche Liebhaber beider Rassen bei der letzten Standardrevision durch den Kennel Club (1987) gewünscht, daß die Merkmale, die inzwischen die Unterschiedlichkeit beider Rassen ausmachen, sprachlich deutlicher zum Ausdruck gebracht worden wären, als dies die Standardrevisoren des Kennel Club mit ihrer peinlichen Vorliebe für Satzrudimente glaubten tun zu sollen. Es bleibt jedoch der Trost, daß Rassestandards – wie fast alle Zielvorgaben und Normenkataloge – unabhängig davon, wie hoch die Ansprüche sein mögen, denen sie genügen, stets in mehrfacher Hinsicht erläuterungsbedürftig sind:

- Rassestandards sind in der Regel von Fachleuten (Züchtern und/oder Richtern) für Fachleute (Züchter oder Richter) in einer nicht immer gemeinverständlichen Fachsprache geschrieben. Dies erfordert eine generelle Erläuterung aller Standardvorschriften über Körper- und Wesensmerkmale einschließlich auftretender Fehler.
- Die Merkmale, die nicht oder nicht eindeutig festgelegt sind, müssen unter Berücksichtigung aller kynologisch beachtlichen Umstände bestimmt werden.
- Die Gewichtung der einzelnen

Merkmale und der auftretenden Fehler ist zu erläutern.

Allgemeines Erscheinungsbild

Charakteristische Merkmale, Wesen und Gangwerk werden in ihrer Gesamtheit von den Standards mit erfreulicher Klarheit als Kennzeichen von kleinen, kräftigen, ebenso furchtlosen wie verträglichen aktiven Terriern beschrieben, die sich in all ihren Attributen als hervorragende Arbeitsterrier darstellen; Wesen, körperliche Gesamterscheinung und Bewegungsablauf von **Norfolk** und **Norwich** Terriern vereinen sich dabei zu einem harmonischen Gesamteindruck.

Welche Bedeutung den geforderten Wesensmerkmalen zukommt, ergibt sich daraus, daß sie für einen jagdtauglichen, auch in der Meute einsetzbaren Hund unerläßlich sind. Um diese Merkmale im Ausstellungsring zu verkörpern, müssen **Norfolk** und **Norwich** Terrier sich frei, aufmerksam, fröhlich und vor allem furchtlos präsentieren.

Eine angstvoll eingekniffene Rute, irritiert getragene Ohren, scheues Zurückweichen und eine verkrampfte Haltung sind als Ausdruck von

Furchtsamkeit ebenso negativ zu bewerten wie aggressives Kläffen, Zerren und Schnappen als Zeichen einer völlig untypischen Rauflust; auch ein traniges, gleichsam apathisches Herumstehen im Ring ist nicht gerade Ausdruck besten Terrierwesens bei Rassen, die Schneid und Aktivität verkörpern sollen.

Maßgebend für den Gesamteindruck, den **Norfolk** und **Norwich** Terrier im Ring hinterlassen, ist auch das Gangwerk. Ein **Norfolk** oder **Norwich** Terrier,

- der zwar tief auf den Läufen steht, aber dennoch den Eindruck eines agilen, wendigen Hundes vermittelt,
- der über gerade Vorderläufe und eine gut gewinkelte Vorderhand mit gut gelagerten Schulterblättern verfügt und
- der eine korrekt gewinkelte Hinterhand mit tief stehenden Sprunggelenken besitzt,

bringt die notwendigen anatomischen Voraussetzungen für eine einwandfreie Bewegung mit.

Diese muß parallel, kraftvoll und raumgreifend sein, wobei die Hinterhand kräftig unter den Körper tritt und diesen mit mächtigem Schub vorwärtstreibt, während die Vorderhand weit nach vorn ausgreift und so den kräftigen Vortrieb der Hinterhand harmonisch aufnimmt. Wichtig ist, daß

Norfolk Terrier. Zeichnung von Barbara Gallicchio, 1990

1 – 3: Korrekte, raumgreifende Bewegung mit gutem Vortritt und kräftigem Schub aus der Hinterhand

4 – 6: Schlechtes Gangwerk mit steifer, stelziger Bewegung und wenig Raumgriff

die dynamische Vorwärtsbewegung bei festem, geradem und möglichst kurz wirkendem Rücken erfolgt. Steife, stelzige, wie ein Trippeln wirkende Bewegungen sind fehlerhaft, insbesondere, wenn sie mit schwankendem Rücken durchgeführt werden.

Zur Harmonie der Gesamterscheinung gehört außerdem, daß Rüden maskulin und Hündinnen feminin wirken. Das maskuline oder feminine Erscheinungsbild hängt dabei indessen weniger von der Größe als vielmehr von der Gesamtkonstitution des Hundes ab. Es gibt – im Rahmen dessen, was der Standard zuläßt – durchaus großrahmige, aber dennoch sehr feminine, und andererseits kleinere, aber eher maskulin wirkende Hündinnen. Entsprechendes gilt für Rüden, die überdies zwei deutlich in den Hodensack eingelassene normale Hoden aufweisen müssen, wobei „normal" nicht symmetrisch, sondern frei von krankhaften (Größen-)Veränderungen bedeutet.

Es ist erstaunlich, wie häufig manche Kynologen bestimmte Erkenntnisse über maskuline oder feminine Erscheinungen, die ihnen im Zusammenhang mit der menschlichen Anatomie durchaus geläufig sind, bei der Beurteilung von Hunden vergessen.

Der Kopf

des **Norfolk** wie des **Norwich** Terriers ist auch für kynologisch Unvorbelastete klar und verständlich beschrieben. Wichtig für die korrekte Kopfform ist die Ausgeglichenheit von Oberkopf und Vorgesicht, wobei Vorgesicht und Oberkopf zusammen nicht den Eindruck eines langen Schädels vermitteln dürfen. Das Vorgesicht ist etwa ein Drittel kürzer als der Oberkopf, der selbst relativ kurz, zwischen den Ohren relativ breit und leicht gerundet sein muß. Der ausgeprägte Stirnabsatz (Stop) mit den Wülsten über den Augen hat zudem die Aufgabe, die Augen des Hundes bei der Jagd entsprechend zu schützen. Zur Ausgeglichenheit beider Teile des Kopfes trägt auch bei, daß der kräftige keilförmige Fang unter den Augen durch Knochensubstanz gut ausgefüllt ist und sich gleichmäßig zur Nase hin verjüngt. Die Nase darf im Profil nicht hervortreten und muß kräftig schwarz pigmentiert sein.

Völlig untypisch und als grob fehlerhaft zu bewerten sind demnach lange schmale Vorgesichter und insgesamt lange Köpfe; schmale, flache Oberköpfe oder Köpfe mit zu geringem Stop sind ebenfalls zu bestrafen. Gleiches gilt für das entgegengesetzte Extrem, den runden, apfelförmigen Oberkopf mit zu kurzem oder schwachem Fang („snipy foreface"). Dieser Toy-Typ, der außerdem zu Augen- und Gebißfehlern neigt, ist mit den an einen Arbeitsterrier zu stellenden Anforderungen absolut unvereinbar. Außerdem ruiniert er sowohl beim **Norfolk** als auch beim **Norwich** Terrier vollständig den Typ – und zwar bei letzterem besonders nachhaltig wegen des gewünschten „fuchsartigen Ausdrucks" („foxy expression").

Erfreulicherweise ist festzustellen, daß die Nase eines **Norwich** Terriers nur relativ selten, die eines **Norfolk** Terriers sogar nur äußerst selten nicht das gewünschte kräftig-schwarze Pigment aufweist. Sofern es sich lediglich um „Wechselnasen" handelt, hält sich das Problem noch in Grenzen. Als Wechselnase wird der zeitweilige, üblicherweise auf die sonnenarmen Wintermonate beschränkte Pigmentverlust des Nasenspiegels bezeichnet.

Bei manchen Hündinnen ist das Auftreten von Schwankungen des Nasenpigments hormonell bedingt und entsprechend schwierig zu behandeln. Wer einen **Norfolk** oder **Norwich** Terrier mit manifester Wechselnase ausstellt, muß Abstriche in der Formwertnote in Kauf nehmen. Dauerhaft helle Nasen, die praktisch nur bei einigen wenigen **Norwich**-Pinkies auftreten, sind als schwerwiegender Fehler zu werten.

Kopfstudie eines Rüden von vorzüglichem Typ ▶

Die Augen

der **Norfolk** und **Norwich** Terrier sind von entscheidender Bedeutung für deren Ausdruck. Der forsche, intelligente, lebhaft-ausdrucksvolle Blick der Hunde kommt nur zustande, wenn Augen von richtiger Größe, Form und Farbe möglichst weit auseinanderstehend, geschützt durch die Augenwülste, tief in ihren Augenhöhlen ruhen. Korrekte Augen sind

- beim **Norwich** klein, beim **Norfolk** klein bis mittelgroß, nicht zu voll und keinesfalls vorstehend,
- oval,
- von möglichst dunkler, zumindest dunkelhaselnußbrauner Farbe beim **Norwich,** beim **Norfolk** möglichst zu schwarz tendierend, wobei helle, insbesondere bernsteinfarbene Augen grob fehlerhaft sind und
- von schwarz pigmentierten Augenlidern umgeben, wobei der Pigmentrand beim Norwich etwas breiter ist als beim Norfolk.

Zu große, runde Augen ergeben in der Regel einen sanften Ausdruck, zu kleine einen eher verkniffenen. Der häufigere dieser beiden Fehler ist (vor allem beim Norfolk) ein großes, rundes Auge; bei typischen Toy-Köpfen finden sich sogar vortretende Augen. Auch helle Augen sind häufig, während kleine, dunkle Knopfaugen mit engen Lidspalten äußerst selten auftreten.

Die Ohren,

insbesondere ihre Form und Haltung, tragen ebenfalls maßgeblich zum jeweiligen typischen Ausdruck von **Norfolk** und **Norwich** Terrier bei; außerdem sagt die Art, wie der Hund sein Ohr trägt, sehr viel über seine Stimmungslage aus.

Die Ohren des **Norwich** Terriers sollen mittelgroß und spitz zulaufend möglichst weit voneinander auf dem Schädel (Oberkopf) angesetzt sein. Schwerwiegende Fehler sind sehr große Ohren, deutlich runde Ohrspitzen und dicke, nicht sicher stehende oder gar an der Spitze gekippte Ohren. Bei korrekt auf dem Kopf angesetzten, aufmerksam getragenen Ohren läßt sich eine gerade Linie von der Nasenspitze aus durch die Augenmitte bis hin zu den Ohrspitzen ziehen. Aufmerksam getragene Ohren führen außerdem zu einer optischen Verkürzung des Schädels und damit zu einer Verbesserung der Kopfproportionen; unaufmerksam nach hinten gelegte Ohren lassen auch einen korrekten Kopf unter Umständen etwas lang erscheinen. Die berüchtigten „Eselsohren“ sind eine Kombination aus zu großen und deutlich seitlich am Kopf angesetzten Ohren, die den erwünschten Ausdruck des **Norwich** empfindlich stören. Das Kippohr des **Norfolk** Terriers ist gewissermaßen einzig in seiner Art: Dieses mittelgroße, gemäßigt V-förmige Ohr mit seiner abgerun-

1

2

3

4

Norfolk
1 Korrekt
2 Groß und etwas tief angesetzt
3 Zu hoch angesetzt und fehlerhaft gekippt

Norwich
4 Korrekt
5 Klein und etwas hoch angesetzt
6 Zu hoch angesetzt
7 Fledermausohren (zu groß und rund)

5

6

7

deten Spitze ist geringfügig hinter und unterhalb der „Krone" des Oberkopfes angesetzt und kippt eng am Kopf nach vorn, so daß es gut an den Wangen anliegt und nicht unterhalb des Augenrandes endet (s. Bild S. 41). Seitlich tiefer angesetzte, schlapp und schwer herunterhängende, meist dickfleischige Ohren (Hängeohren) sind ebenso fehlerhaft wie hochangesetzte, deren Kippfalte sich oberhalb der Schädeldecke befindet, oder die – für einige andere Rassen typischen – bei **Norfolks** glücklicherweise nur höchst selten auftretenden Rosenohren.

Das Gebiß

Die Anforderungen an die Gebisse von **Norfolk** und **Norwich** Terriern sind, wenn man bedenkt, daß es sich um englische Standards handelt, durchaus beachtlich.

Die in kräftige Kiefer eingebetteten Zähne sollen im Verhältnis zur Körpergröße des Hundes stark und ziemlich groß sein – so wie es sich für einen Arbeitsterrier gehört. Zwingend gefordert sind je sechs Schneidezähne (Incisivi) in Ober- und Unterkiefer, wobei der Kieferbogen zwischen den Fangzähnen (Canini) zumindest so breit sein soll, wie dies ein kräftiger Fang erfordert. Ein scharfer Scherenschluß der Zahnreihen, wobei die Zähne senkrecht im Kiefer stehen sollen, ist außerdem gefordert.

Unerwünscht sind demnach kleine Zähne und enge Kieferbögen; fehlerhaft sind Vor-, Rück- und Kreuzgebiß, Schneidezahnverluste sowie ein offener Biß, bei dem einige – in der Regel die mittleren – Schneidezähne infolge Untergröße oder völlig unregelmäßiger Stellung nicht korrekt zum Schluß kommen.

Es gehört zu den liebenswerten Unvollkommenheiten englischer Rassestandards, sich über die Prämolaren (vordere Backenzähne) und Molaren (hintere Backenzähne) sowie über die Zahnzahl eines noch als korrekt anzusehenden Gebisses auszuschweigen. Damit ist indessen noch keineswegs gesagt, daß bei den betreffenden Rassen international verbindlich auch alle beziehungsweise beliebig viele Prämolaren und Molaren fehlen dürfen. Auch die englische Unart, gegenüber Gebißfragen, insbesondere was die Vollständigkeit anbetrifft, eine zuweilen schon unverantwortliche „Großzügigkeit" an den Tag zu legen, darf kein Freibrief sein, fehlende Schneidezähne, Prämolaren oder gar Canini züchterisch auf die leichte Schulter zu nehmen. Im Zweifel gilt außerdem für die bei der F.C.I. hinterlegten Standards der Grundsatz der Vollständigkeit, wobei dieser Grundsatz im Hinblick auf Gebisse nirgendwo auf der Welt mit einer solchen – international zunehmend belächelten Rigorosität gehandhabt wird wie in Deutschland.

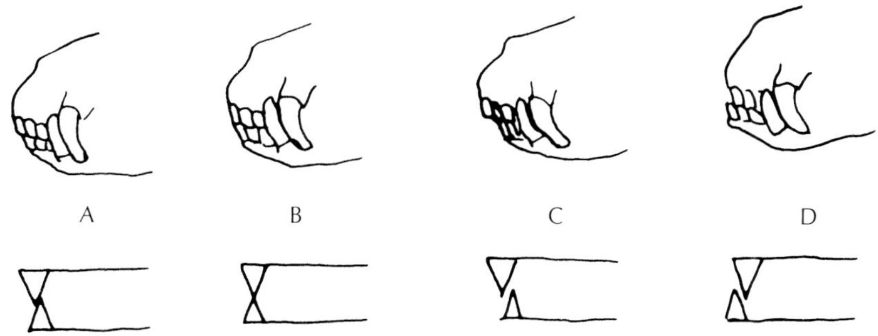

A = Scherengebiß, B = Zangengebiß, C = Rückbiß, D = Vorbiß

I = Incisivi = Schneidezähne

C = Canini = Fangzähne

P = Praemolaren = Vordere Backenzähne

M = Molaren = Hintere Backenzähne

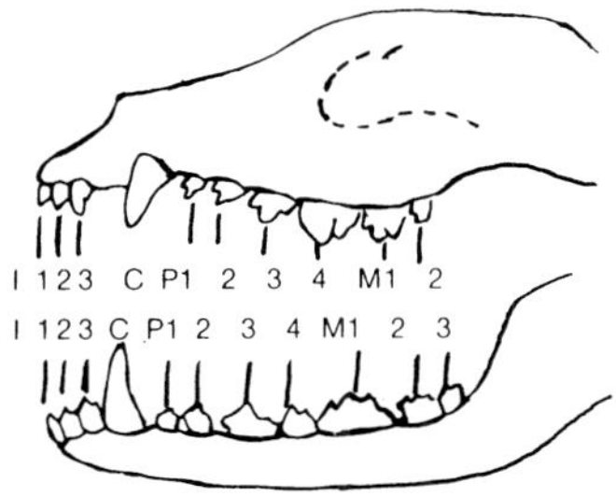

	Oberkiefer	Unterkiefer	Dauergebiß
Incisivi	6	6	12
Canini	2	2	4
Praemolaren	8	8	16
Molaren	4	6	10
	20	22	42

Vom Grundsatz der Vollständigkeit sind jedoch kynologisch gerechtfertigte Ausnahmen zulässig. Bei **Norfolk** und **Norwich** Terriern hat der KfT in Übereinstimmung mit der Zuchtordnung des VDH hinsichtlich der Zahnformel eine solche Ausnahme gemacht: Vier fehlende Prämolaren gelten als erlaubter, das heißt nicht zu bestrafender Prämolarverlust. Grund für diese Ausnahme ist die Tatsache, daß einerseits vier fehlende Prämolaren die Gebrauchstüchtigkeit eines Arbeitsterriers (Kieferverletzungen) noch nicht einschränken und andererseits Vollzahnigkeit, große Zähne und ein im Vergleich zum Oberkopf relativ kurzer Fang bei Rassen, die nicht zuletzt aufgrund der Sünden des Mutterlandes in starkem Maße zu Zahnproblemen neigen, nur schwierig zu erreichen sind.

Inzwischen haben zumindest einige deutsche Zwinger durch eine Vielzahl auch international hochprämierter Sieger den Beweis erbracht, daß – den Sünden des Ursprungslandes zum Trotz – auch bei Norfolk und Norwich Terriern vorzügliche Gebisse durch einen sorgfältigen, die Gesetze der Genetik beachtenden Zuchtaufbau erreicht werden können.

Im übrigen wird nach den sehr differenzierten Bewertungsregeln des KfT kein ansonsten erstklassiger Norfolk oder Norwich, nur weil ihm etwa fünf Prämolaren fehlen, zuchteinschränkend abqualifiziert; nur eine Titelanwartschaft darf einem solchen Hund nicht zuerkannt werden – sofern der Richter sich an die gültigen Bestimmungen hält. Andererseits wird kein zweitklassiger Hund, nur weil er vollzahnig ist, jemals eine Anwartschaft erhalten. Fast zweistelliger Prämolarverlust, fehlende Schneidezähne oder gar ein fehlender Caninus müssen jedoch zum Ausschluß der Zuchttauglichkeit führen.

Die Standardforderung nach „gut geschlossenen, trockenen Lefzen", d.h. eng anliegenden Lefzen (im Gegensatz zu Hängelefzen), ist bei beiden Rassen bereits sehr gut verwirklicht. Darüber hinaus sind, insbesondere bei Norfolks, die Lefzen auch vorzüglich pigmentiert.

Der Hals

des **Norfolk** Terriers soll „kräftig und mittellang", der des **Norwich** „kräftig und von guter Länge" sein. Damit wäre der Hals des **Norwich** Terriers – unter Berücksichtigung dieser unterschiedlichen Standardformulierungen – im Idealfall geringfügig länger als der des Norfolk Terriers, wobei die überwiegende Mehrheit der Rassekenner jedoch der Auffassung zuneigt, daß auch beim Norwich als „gute" Länge des Halses die „mittlere Länge" gemeint ist.

Ein leider sehr häufig anzutreffender kurzer Hals ist ebenso fehlerhaft wie ein schwach bemuskelter dünner,

der dem Hund beim Festhalten der Beute nicht die nötigen Dienste leisten könnte.

Fehlerhaft ist aber auch ein zu langer, möglicherweise sogar gebogener „Schwanenhals", der ein völlig unproportioniertes Erscheinungsbild des Hundes zur Folge haben würde. Um die gewünschte ausgeglichene Gesamterscheinung zu bewirken, muß der Hals ohne Knick harmonisch in die Schulterpartie mit schräg zurückliegenden Schulterblättern übergehen.

Die Vorderhand

Hinsichtlich der Vorderhand wird eine Standardforderung schon im Zusammenhang mit dem Hals formuliert: Die Schulterblätter sollen gut gelagert sein bzw. gut zurückliegen; d.h. sie sollen schräg nach hinten gelagert sein. Außerdem müssen sie breit sein und fest am Brustkorb anliegen. Auch die etwa gleich langen Oberarmknochen und die Ellenbogen müssen eng am Brustkorb anliegen, wobei Schulterblätter und Oberarmknochen

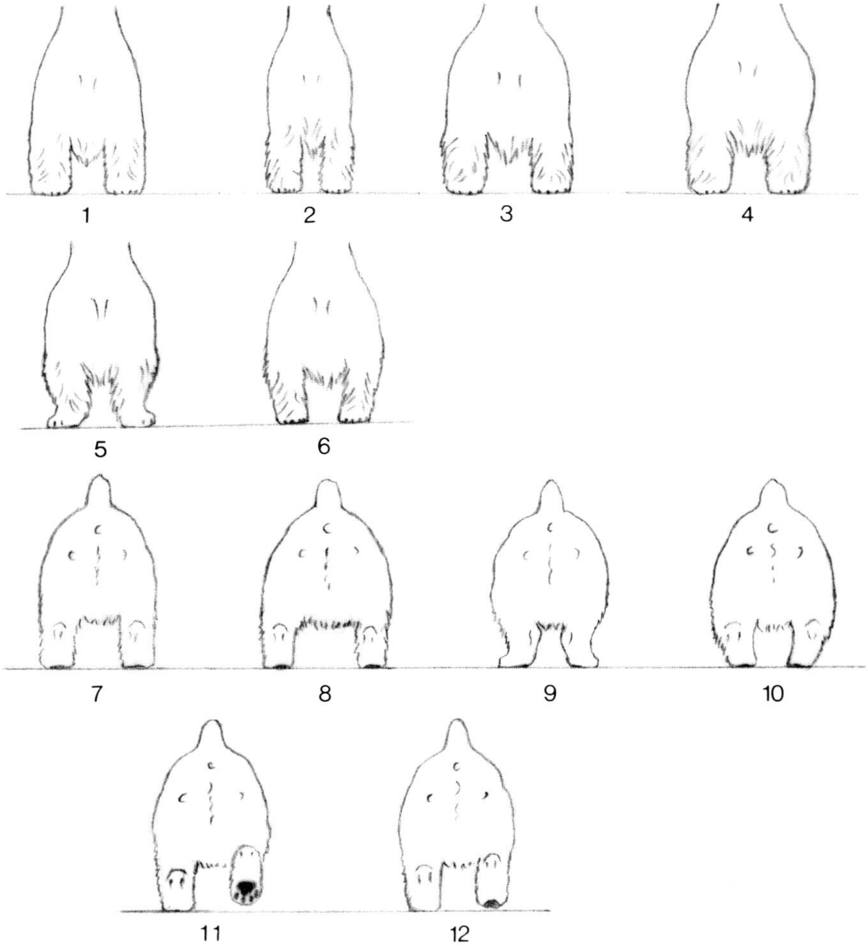

Front
1 Korrekt
2 Zu schmal
3 Zu breit
4 Beladene Schultern
5 Chippendale-Front
6 Ausgedrehte Ellenbogen

Hinterhand
7 Korrekt
8 Zu breit
9 Kuhhessig
10 Faßbeinig

11 Korrekte Hinterhandbewegung
12 Schwache Hinterhandbewegung

möglichst einen Winkel von 90° bilden sollen. Das Schultergelenk ist so weit vorn am Brustkorb plaziert, daß **Norfolk** und **Norwich** Terrier mit genügend Substanz eher zwischen den Vorderläufen als auf den Vorderläufen stehend wirken müssen. Nur so ist es möglich, daß die Vorderläufe wie Pendel parallel zum nicht zu schmalen Brustkorb raumgreifend und frei bewegt werden können. Wie wichtig eine gute Schulterlage für Norfolk und Norwich Terrier ist, zeigt sich an den Fehlern, die ein Hund mit steiler, das heißt nicht schräg genug zurückliegender Schulter hat:

- der Halsaufsatz wirkt nicht eben elegant,
- der Hals ist optisch verkürzt, der Rücken dagegen entsprechend verlängert und
- die Vorderhandbewegung ist kurz und trippelnd.

Norfolk und **Norwich** Terrier mit diesen Fehlern wirken in wichtigen Punkten untypisch. Betrachtet man die Front eines **Norfolk** oder **Norwich** Terriers von vorn, so sollen die kurzen, kraftvollen und starkknochigen Vorderläufe absolut gerade sein und einen festen, geraden Vordermittelfuß aufweisen.

Auch die Ellenbogen dürfen in Stand und Bewegung keinesfalls nach außen abstehen und lose oder ausgedreht wirken. Die sogenannte Chippendalefront ist ebenfalls fehlerhaft; fehlerhaft sind auch eine extrem starke Muskelbildung auf den Schulterblättern („beladene Schultern") und eine enge Front.

Die Vorderpfoten sollen gerade nach vorn gerichtet sein, wobei es aber unter Berücksichtigung der ursprünglich sehr erwünschten Grabefähigkeit der Rassen nicht allzu gravierend ist, wenn sie eine leichte Auswärtsstellung aufweisen.

Leider sind perfekte Fronten mit völlig geraden Läufen bei beiden Rassen nicht gerade sehr häufig anzutreffen; beim **Norfolk** zählt die Front sogar zu den ausgesprochenen Schwachstellen. Jedenfalls sind beladene Schultern, lose Ellenbogen, mangelnde Knochenstärke und „weiche" Vorderfußwurzelgelenke nicht übermäßig selten.

Der Körper

eines korrekt gebauten **Norfolk** und **Norwich** Terriers muß kurz, kompakt und kräftig sein; ein kurzer, gerader Rücken, gut gewölbte Rippen und eine kurze, ausgefüllte Lendenpartie sind beiden Rassen ebenfalls gemeinsam. Im Vergleich zum **Norfolk** Terrier muß der **Norwich** jedoch einen tieferen, voluminöseren Brustkorb aufweisen. Eine züchterische Übertreibung dieses Merkmals kann indessen leicht dazu führen, daß ein solcher **Norwich** plump und unbeweglich wirkt und seinen ursprünglichen Arbeitsaufgaben kaum noch gerecht

werden könnte. Ein **Norfolk** Terrier muß in diesem Punkt auf jeden Fall leichter und eleganter – letztlich ursprünglicher – wirken. Bei beiden Rassen bietet ein korrekter Brustkorb stets genügend Platz für kräftige Brustorgane. Die hinteren Rippen reichen weit zurück und lassen bis zur Hinterhand nur soviel Raum, wie es die gewünschte raumgreifende Hinterhandbewegung erfordert. Das Rumpfende bildet eine breite, kräftige Nieren- (Lenden-)partie.

Schwerwiegende Fehler, die leider sehr häufig auftreten, sind: lange, weiche und/oder nicht ebene Rücken; schmale, substanzlose oder aber tonnenförmige Brustkörbe sowie schwache, an den Seiten eingefallene Lendenpartien.

Der Rücken soll im übrigen sowohl im Stand wie in der Bewegung eben sein. Geschickte Vorführer können nahezu jeden Hund in eine Standposition bringen, in der der Rücken gerade wirkt; in der Bewegung lassen sich etwaige Fehler dann aber kaum mehr kaschieren. **Norfolk** und **Norwich** Terrier dürfen beim Laufen praktisch keinerlei Auf- und Abbewegung des Rükkens zeigen.

Die Hinterhand

Die Hinterhand eines **Norfolk** oder **Norwich** Terriers muß nach den Bestimmungen des Standards

- kräftig, breit, muskulös und gerade sein, von hinten betrachtet also parallel stehen,
- gute Winkelungen in Knie- und Sprunggelenken aufweisen,
- tiefstehende Sprunggelenke haben und
- gewaltige Schubkraft entwickeln können.

Korrekte Front und Hinterhand

Nur wenn **Norfolk** und **Norwich** Terrier die genannten Merkmale, insbesondere sehr muskulöse Schenkel, aufweisen, ist der Schub, mit dem die Hinterhand den Körper bei jedem Schritt nach vorn treibt, kräftig genug, um dem Hund in jedem Gelände und auf jedem Boden eine optimale Bewegung zu ermöglichen. Durch die kräftigen Muskeln und guten Winkelungen wirken die Hinterläufe zudem ziemlich kurz und im oberen Teil breit; sie befähigen **Norfolk** und **Norwich** Terrier, auch starke Beutetiere durch die Kraft ihrer Hinterhand am Boden zu halten.

Fehlerhaft sind deutliche Zehenenge, Kuhhessigkeit (nach innen weisende Sprunggelenke) und Faßbeinigkeit (O-Beine).

Ist die Vorhand die Problemzone des **Norfolks,** so bildet die Hinterhand die Schwachstelle der **Norwich** Terrier: Steile Winkelungen in Knie- und Sprunggelenk, Kuhhessigkeit (selten: Faßbeinigkeit) und nicht tief genug stehende Sprunggelenke sind relativ häufig zu sehen – und deren Auswirkungen, nämlich steife, stelzige, nicht parallele Hinterhandbewegungen ohne den geforderten Schub.

Die Pfoten

der **Norfolk** und **Norwich** Terrier sind geschlossen, kräftig und rund (Katzenpfoten); sie müssen groß sein, und zwar vorne größer als hinten, und dicke, d.h. gut gepolsterte Ballen aufweisen.

Längliche „Hasenpfoten", Spreizpfoten und flache, schwach gepolsterte Ballen sind fehlerhaft.

Ballen und Krallen sollen vorzugsweise tiefschwarz sein. Besondere Beachtung sollte der Krallenlänge

Norwich-Welpe mit unkupierter Rute

geschenkt werden; die Krallen müssen kurz gehalten werden und sollten im Stand nicht den Boden berühren. Überlange Krallen führen auf Dauer unweigerlich zu flachen Spreizpfoten und zu fehlerhafter Pfotenstellung; sie behindern den Hund letztlich in der Bewegung.

Die Rute

Bei **Norfolk** und **Norwich** Terriern ist das Kupieren der Rute freigestellt. Folglich enthalten die Rassestandards sowohl eine Beschreibung der kupierten wie der unkupierten Rute; diese Beschreibungen sind für **Norfolk** und **Norwich** Terrier inhaltlich identisch. Die Vorgaben für die jeweils korrekte Rute sind ebenso vernünftig wie präzise, doch dürften Hunde mit unkupierter Rute für die traditionellen Freunde der Rassen erheblich gewöhnungsbedürftig sein – zumindest, solange es züchterisch (mangels Erfahrung mit dieser Form) noch nicht gesichert ist, daß die erwünschte „mäßige Länge“ nicht durch die tatsächliche Rutenlänge erheblich übertroffen wird. Denn eine Rute von „mäßiger Länge“ dürfte bei korrekter aufrechter bzw. geringfügig nach vorn gerichteter

Haltung nicht die Höhe des Hinterhauptbeins übersteigen. Bei der kupierten Rute ist mit der Vorschrift „mittellang kupiert" im übrigen sichergestellt, daß jeder Hund seine Rute uneingeschränkt als Ausdrucksmittel seiner Befindlichkeit benutzen kann. Von besonderer Wichtigkeit ist schließlich die Standardvorschrift, daß die Rute hoch angesetzt sein muß. Das heißt, sie muß dort, wo die gerade Linie des Rückens endet, am Ende einer kurzen, geraden Kruppe, ihren Ansatz haben. Ohne perfekten Rutensitz kann eine ansonsten noch so gute obere Linie nicht vollkommen sein.

Leider sind die fehlerhaften tief angesetzten Ruten relativ häufig. Gleiches gilt für zu „fröhlich", das heißt mit zu starker Neigung nach vorn getragene Ruten, die im Vergleich zu fehlerhaft angesetzten Ruten jedoch ein eher harmloses Übel sind.

Das Haarkleid

Dem Haarkleid der **Norfolk** und **Norwich** Terrier kommt im Hinblick auf den ursprünglichen Verwendungszweck der Rassen besondere Bedeutung zu. Die Formulierungen der Standards zu diesem Merkmal sind

Ein Wurf – und viele Farben

im entscheidenden Punkt jedoch von geradezu erbarmungswürdiger Schludrigkeit. Immerhin gibt der **Norwich**-Standard mit seiner Formulierung „Haarkleid: hart, drahtig und gerade, dicht am Körper anliegend, dickes Unterhaar" wenigstens implizit zu erkennen, daß diese Hunde **Doppelhaar** haben müssen; dieses besteht aus dickem Unterhaar (als wärmender „Pelz" aus kurzer, dichter, weicher „Unterwolle") und einer Deckhaarschicht, die aus drahtig-hartem, geradem (glattem) Haar gebildet wird, das dicht am Körper anliegen muß.

Im **Norfolk**-Standard wurde das Unterhaar schlicht vergessen. Die Aussagen über das Doppelhaar gelten also uneingeschränkt auch für den **Norfolk** Terrier, worüber international zwischen allen Rassekennern Übereinstimmung besteht.

Diese Haarstruktur bot einem Arbeitsterrier in idealer Weise Schutz vor den Unbilden eines Arbeitseinsatzes im Winter, vor Verletzungen bei der Jagd durch Gestrüpp und in Bauten sowie vor den Bissen wehrhafter Beutetiere.

Alle weiteren Ausführungen der Standards zum Haarkleid sind im Grunde Festlegungen für das Aussehen von Norfolk und Norwich Terriern im Ausstellungsring – wobei sich der – durch ein möglichst unauffälliges Trimming („Tidying") – herbeizuführende Endzustand bei **Norfolk** und **Norwich** in einigen Nuancen unterscheiden kann: Während das rauhere und längere Haar im Bereich des Halses beim **Norfolk** eine möglichst natürlich wirkende Halskrause bilden soll, formt es beim **Norwich** – wie es der Standard ausdrückt – im Idealfalle eine Mähne.

Die ansonsten für beide Rassen übereinstimmenden Forderungen, das Haar habe am Kopf und an den Ohren kürzer und weicher zu sein, mit Ausnahme von etwas Barthaar und dem Haar der Augenbrauen, sind brauchbare Hinweise für das Trimming, wobei natürlich der spezifische Ausdruck jeder Rasse (insbesondere „foxy expression" beim Norwich) angemessen herauszuarbeiten ist.

Die im **Norwich**-Standard – bewußt! – nicht getroffene Aussage des **Norfolk**-Standards „Übermäßiges Trimmen ist unerwünscht" macht deutlich, daß beim **Norwich,** im Gegensatz zum immer noch möglichst urwüchsig daherkommenden **Norfolk**, das Trimmen in Maßen erkennbar sein darf. Gleichwohl sind beide Rassen als Lustobjekt für verhinderte Coiffeure denkbar ungeeignet.

Bei einer grob fehlerhaften Haarstruktur, nämlich seidigem („silky coat") oder üppigem, weichem und gewelltem Haar („fluffy coat") ist im übrigen auch durch noch so große Trimmkünste nicht der Eindruck von korrektem Haar hervorzurufen, zumal die ideale Deckhaarlänge am Körper zwischen 3 und 5 cm variiert.

Glücklicherweise sind diese Fehler nur recht selten anzutreffen; gleiches gilt für permanent fehlende oder spärliche Unterwolle und „offenes", das heißt nicht fest am Körper anliegendes, sondern mehr oder weniger abstehendes Haar.

Die Farben

Gerade weil auch heute noch manche **Norfolk**- und **Norwich**-Leute ausgeprägte Farbpräferenzen haben, mit denen sie dann rational nicht nachvollziehbare Bewertungen einzelner Farben verbinden, ist in aller Deutlichkeit festzustellen: Im Rahmen der von beiden Standards erlaubten Farben (alle Schattierungen von rot, weizenfarben, schwarz mit tan oder grizzle) gibt es weder gute noch schlechte, bessere oder schlechtere Farben. Mit anderen Worten: Alle zugelassenen Farben sind gleichwertig. Auch der Umstand, daß das satte, kräftige Rot des Haares üblicherweise mit einer vorzüglichen Haarstruktur einhergeht, macht Rot nicht zu einer besseren Farbe. Ein **Norfolk** oder **Norwich** mit solchem Haar hat ganz einfach „Haar von vorzüglicher Struktur und roter Farbe".

Die statthaften, aber unerwünschten weißen Flecken oder Abzeichen sind erfreulicherweise höchst selten anzutreffen. Sie treten gewöhnlich als kleiner weißer Brustfleck oder als Abzeichen an den Pfoten auf, und zwar beim **Norwich** häufiger als beim **Norfolk** – was im Blick auf die Ahnen (Urmutter „Ninety" und eingekreuzte Cairn Terrier) nicht verwundert.

Sofern die unerwünschten Markierungen in der beschriebenen Form auftreten, sind sie in der Tat auch als unbedenklich anzusehen.

Die Größe

von **Norfolk** und **Norwich** Terriern geben die Standards mit 25 bis 26 cm als „idealer Schulterhöhe" an. Dies ist eine außerordentlich vernünftige Regelung, denn innerhalb einer international akzeptierten Bandbreite von ± 1 cm, d.h. also zwischen 24 cm und 27 cm Schulterhöhe, läßt sich so die anzustrebende Idealgröße züchterisch ohne Probleme verwirklichen. Gleichwohl sollten angesichts einer stets virulenten Neigung zu Toy-Größen Zucht- und Ausstellungsrüden, wenn sie denn nicht im Idealmaß liegen, eher im oberen Bereich und Hündinnen keinesfalls unterhalb der akzeptierten Bandbreite angesiedelt sein. Selbstverständlich muß die Idealgröße von 25 bis 26 cm stets das vorzugswürdige Zuchtziel bleiben. Dies umso mehr, als die in beiden Rassen – insbesondere bei Hündinnen – nur zu häufig anzutreffenden Hunde mit einer Schulterhöhe, die deutlich unterhalb der Idealgröße liegt, zu Toy-

köpfen (Apfelköpfen) neigen, nicht über die erforderliche Knochenstärke eines Arbeitsterriers verfügen, schwache, spitze Vorgesichter („snipy foreface“) aufweisen und zumeist in ihrer Gesamtkonstitution zu zierlich sind. Hunde, die die Idealgröße nachhaltig übersteigen, sind zwar von den typischen Verzwergungsmerkmalen frei, wirken jedoch in aller Regel etwas grob und nicht übermäßig typisch. Ein gut proportionierter kleiner Hund ist indessen allemal besser als ein Hund, der die Idealgröße nur durch standardwidrig lange Läufe erreicht und damit untypisch wirkt. Zum Bedauern vieler Kenner der Rassen enthalten die Standards keine Vorschriften über das wünschenswerte Körpergewicht von Norfolk und Norwich Terriern. Als Faustregel kann hier, in Anlehnung an entsprechende Angaben der aktuellen amerikanischen (AKC-)Standards, gelten, daß ein 25 cm großer Norfolk oder Norwich Terrier von bester Kondition und Konstitution zwischen 5 und 5,5 kg wiegt, wobei Rüden eher in Richtung auf 5,5 kg, Hündinnen eher in Richtung auf 5 kg tendieren sollten.

Die Anschaffung von Norfolk und Norwich Terriern

Vorüberlegungen

Spontanentscheidungen sind bei der Anschaffung von Tieren schon im allgemeinen höchst problematisch, bei der Anschaffung von Hunden, insbesondere solcher Rassen, die nicht in Massen gezüchtet werden, sind sie geradezu fatal. Da im Moment der spontanen Nachfrage bei Züchtern dieser Rasse ein Welpe häufig nicht sofort zu erhalten ist und jeder seriöse Züchter zudem mit Nachdruck davor warnen wird, ausgerechnet zu typischen „Schenkfesten" einen Welpen ins Haus zu nehmen, sind zumeist unbekannte Hundehändler in der Regel die Nutznießer von Spontankäufen. Wenn dann allmählich die Erkenntnis dämmert, daß zum Halten eines Hundes erheblich mehr gehört als spontane Begeisterung, wird der Junghund schnell an einen neuen Halter abgeschoben – wobei einem Norfolk oder Norwich Terrier aufgrund seines Wertes immerhin wenigstens das Tierheim erspart zu bleiben pflegt. Doch selbst wer sich nach gründlicher Information über die jeweilige Rasse einen Norfolk oder Norwich Terrier anschaffen möchte, sollte vorab noch einige grundsätzliche Überlegungen anstellen:

- Zunächst muß sich jeder Hundehalter in spe ernsthaft fragen, ob er die nötige Zeit und Bewegungsfreude für seinen Norfolk oder Norwich Terrier aufbringen kann und ob er vor allem die nötige Konsequenz besitzt, einen solchen Hund, der als Familienmitglied akzeptiert und respektiert werden möchte, zu erziehen. In der Regel sind dies Fragen, die sich die Damen des Hauses zu stellen haben, denn an ihnen bleibt „es" üblicherweise hängen.
- Sodann wäre zu prüfen, ob das Halten des Hundes rechtlich unproblematisch ist. Wer zur Miete wohnt, benötigt, um sicher zu sein, die schriftliche Erlaubnis des Vermieters; Grundstückseigentümer sollten in Erwägung ziehen, daß der Ärger mit bösartigen Nachbarn die Freunde am Hund empfindlich stören könnte.
- Schließlich ist eine gründliche Kostenkalkulation hilfreich. Hier sind der nicht eben niedrige Kaufpreis für einen Norfolk- oder Norwich-Welpen, die Hundesteuer, die Kosten einer – empfehlenswerten –

Hunde-Haftpflichtversicherung, die Kosten für artgerechte Ernährung und Pflege sowie für regelmäßige tierärztliche Versorgung und fachgerechtes Trimming zu berücksichtigen; unter Umständen ist auch noch der Garten ausbruchsicher zu umzäunen.

Haben diese Vorüberlegungen zu einem positiven Ergebnis geführt, so kann man sich nun auf die Suche nach einem geeigneten Züchter machen.

Die Wahl des Züchters

Die Auswahl des Zwingers, aus dem man einen Norfolk- oder Norwich-Welpen zu erwerben wünscht, und damit die Auswahl des Züchters, ist auch und gerade bei Rassen, die noch einen Hauch von Exklusivität genießen, beinahe ebenso wichtig wie die Auswahl des Welpen selbst.

Zunächst sollte man sich an den Verband für das Deutsche Hundewesen (VDH), den Dachverband der Rassehundzuchtvereine in der Bundesrepublik Deutschland, wenden, um hier vielleicht schon einige renommierte Züchter genannt zu bekommen und zu erfahren, wann und wo eine Zuchtschau stattfindet, auf der man dann Hunde und Züchter direkt kennenlernen kann. Weiterhin ist es ratsam, den Klub für Terrier (KfT) um ein Verzeichnis der Norfolk und Norwich Terrier-Züchter (Züchtertafel) und um die Angabe von Zuchtschauterminen zu bitten, um dort entsprechende Kontakte zu Züchtern aufzunehmen, deren Hunde besonders gefallen. Vielleicht gibt sogar der eine oder andere Zuchtrichter auf Befragen einen Hinweis.

Ein seriöser Züchter gibt dem Interessenten Gelegenheit zu einem Besuch, bei dem dann zumindest die Zuchthündin, gegebenenfalls sogar beide Elterntiere und die Zuchtergebnisse entsprechender Verbindungen vorgestellt werden. Man lernt die Art der Hundehaltung beim Züchter kennen und hat die Möglichkeit, eingehend über die Rasse und ihre Eigenheiten zu fachsimpeln sowie einiges über die Zucht- und Ausstellungserfolge des Zwingers zu erfahren – sofern man sich darüber nicht schon vorher erkundigt hat.

Stellt sich dann noch heraus, daß der Züchter es ablehnt, einen Welpen schon mit acht Wochen abzugeben oder gar zu verschicken, und besteht er darauf, daß der Welpe zwischen der 10. und 12. Woche persönlich abgeholt wird, so spricht einiges dafür, daß man hier getrost einen Norfolk oder Norwich Terrier kaufen kann. Im übrigen ist es zweckmäßig, frühzeitig zu erkennen zu geben, ob der Welpe als Haushund oder zu Zucht- und Ausstellungszwecken erworben werden soll.

Rüde oder Hündin?

Ob man einen Rüden oder eine Hündin erwirbt, ist entweder eine Frage der persönlichen Vorliebe oder das Ergebnis praktischer Überlegungen; jedenfalls gehören, was Norfolk und Norwich Terrier anbetrifft, die hinlänglich bekannten Geschichten über ausgeprägte geschlechtsspezifische Wesensunterschiede zwischen Rüden und Hündinnen mehr oder weniger in das Reich der Fabel – anhängliche Schmuser und charmante Rüpel,

Problemen verbunden sind, je nachdem, ob sich unter den Hunden der unmittelbaren Nachbarschaft mehr Rüden oder mehr Hündinnen befinden; oder ob man bei Regenwetter mangels Garten, in dem man seinen Terrier laufen lassen könnte, mit dem Rüden etwas länger oder mit der Hündin nur kurz im Regen stehen möchte.

Wer nicht durch objektive Rahmenbedingungen festgelegt ist und keine aus welchen Gründen auch immer bestehende ausgeprägte Vorliebe für Rüde oder Hündin besitzt, sollte sich in dieser immer wieder hochgespielten Frage nicht ohne Not festlegen und in Ruhe den Wurf abwarten. Jedenfalls hat logischerweise derjenige die größte Chance, aus einem renommierten Zwinger einen Norfolk- oder Norwich-Welpen zu bekommen, der sich in dieser Frage flexibel zeigt.

dominante Individuen und solche ohne Herrschaftsansprüche finden sich bei Rüden und Hündinnen gleichermaßen.

Im übrigen wird man seine Entscheidung sinnvollerweise davon abhängig machen, ob im Laufe eines Jahres die zweimalige, jeweils etwa 21 Tage währende Läufigkeit der Hündin oder die fortwährende Minnebereitschaft des Rüden mit geringeren

Die Auswahl des Welpen

Wer mit dem Züchter den Kauf eines Welpen für Zucht und Ausstellung vereinbart hat, wird davon ausgehen dürfen, daß ihn der Züchter bei der Auswahl des Welpen fachkundig berät, denn es ist ja schließlich auch der Name des Züchters, der mit einem ausgestellten Hund in Verbindung gebracht wird. In diesem Falle kann es jedoch sein, daß man sich mit der Übernahme des Welpen bis nach dem Zahnwechsel gedulden muß, denn erst dann läßt sich exakt sagen, ob erlaubter Prämolarverlust vorliegt oder nicht, ob der Gebißschluß korrekt ist oder nicht und ob er mit einiger Wahrscheinlichkeit auch korrekt bleiben wird.

Außerdem hat ein erfahrener Züchter bis zum Zahnwechsel genügend Zeit gehabt, die erforderliche Tauglichkeit des Welpen insbesondere für Ausstellungszwecke in jeder Hinsicht zu prüfen.

In Anlehnung an eine alte Faustregel kann man mit einiger Sicherheit davon ausgehen, daß Merkmale, die direkt nach der Geburt, nach dem siebten Tag, der siebten Woche und dem siebten Monat konstant auftreten, auch auf Dauer erhalten bleiben. Dies hat bei Norfolk und Norwich Terriern tatsächlich einiges für sich, unter anderem wohl auch darum, weil Hunde dieser Rasse sich nach dem letztgenannten Zeitpunkt in ihren wesentlichen Körpermerkmalen nicht mehr gar zu sehr verändern. Dies gilt insbesondere dann, wenn sich der Welpe bis dahin harmonisch und nicht, was keineswegs selten ist, schubartig entwickelt hat.

Wer jedoch selbst die Qual der Auswahl hat, sollte nach Möglichkeit den Wurf mit „seinem" Welpen regelmäßig besuchen und beim 8 bis 10 Wochen alten Norfolk oder Norwich sein Augenmerk besonders auf folgende Punkte richten:

- Ein Norfolk- oder Norwich-Welpe muß in diesem Alter die typischen Verhaltensmerkmale der Rasse ganz ausgeprägt zeigen, das heißt, er muß sich furchtlos, aufmerksam und fröhlich bewegen und munter mit seinen Wurfgeschwistern spielen; fremden Personen kann er mit aufmerksamer Zurückhaltung begegnen, er muß aber absolutes Vertrauen zur Bezugsperson (zum Züchter) zeigen. Ängstlich quäkende, furchtsame und verschreckte Welpen sind wesensmäßig völlig untypisch und versprechen, sich zu verhaltensgestörten Hunden zu entwickeln. Selbst wenn es sich dabei um erworbene und nicht um angewölfte Wesensmängel handeln sollte, kann dies kein Grund dafür sein, einen solchen Befund auf die leichte Schulter zu nehmen.
- Das Pigment muß stimmen: Nasenspiegel und Augenlider müssen in diesem Alter schwarz sein, sonst gibt es Probleme; die Ballen sollten ebenfalls bereits schwarz sein, sie können indessen noch nachdunkeln, wenn entsprechende Pigmenteinlagerungen erkennbar

sind. Krallen, die jetzt noch nicht schwarz sind, werden es in der Regel auch nicht mehr. Norwich-Welpen, die als „Pinkies“ (pinky coloured ~ isabellfarben) geboren wurden, fehlte bei der Geburt das Pigment an Nase, Augenlidern und Ballen. Wenn sich bei einem Pinky bis zum genannten Zeitpunkt das geforderte Pigment immer noch nicht herausgebildet hat, dürfte dieser Norwich auf Dauer ein deutlich pigmentschwacher Hund bleiben.

- Fehlerhafte Proportionen und Winkelungen werden sich niemals ganz auswachsen. Aus der Kombination von kurzem Hals und langem Rükken wird niemals eine wirklich gute obere Linie, steile Schultern und eine steile Hinterhand werden auch durch die beste Muskelentwicklung nicht zum Verschwinden gebracht.
- Aus zu kräftigen Knochen – sie sind relativ selten – können in den folgenden Streckphasen durchaus noch die gewünschten starken Knochen werden, zu leichte Knochen werden es aber im Zweifel nie. Eine fehlerhafte Chippendale-Front wird sich in keiner Entwicklungsphase mehr korrigieren, und zierliche Pfoten mit schlecht gepolsterten Ballen bessern sich in aller Regel auch nicht mehr. Ein tiefer Rutenansatz bleibt ebenfalls erhalten.
- Ein übermäßig gerundeter apfelförmiger Oberkopf mit schwachem Vorgesicht und großen runden Augen, die u.U. sogar noch etwas hervortreten, wird immer ein standardwidriger Toykopf bleiben, und ein zu langes Vorgesicht dürfte sich eher noch stärker ausprägen als abschwächen. Fast schwarze Augen können sich noch etwas aufhellen, gleiches gilt für helle Augen, die dadurch allerdings noch fehlerhafter werden. Ob die Ohren beim Norwich Terrier schon vollständig stehen oder nicht, ist belanglos, sofern sie mittelgroß sind und spitz zulaufen; große und runde Ohren werden niemals mehr korrekt, sind sie darüber hinaus auch noch schwer, so wird unter Umständen selbst das Stehen kritisch; bei Norfolk Terriern hingegen werden kleine, überwiegend aufgerichtete Ohren kaum mehr in Größe und Haltung korrekt. Ein in diesem Alter bestehender leichter Rückbiß kann sich durchaus noch zu einer korrekten Schere herausbilden, ein Vorbiß hingegen wird sich im Zweifel eher noch verstärken als zu einem korrekten Schluß führen.
- Je kürzer und härter das Haar des Welpen ist, desto sicherer wird der ausgewachsene Hund gutes Haar haben; Welpen mit großer Haarfülle sehen in diesem Alter zwar ganz reizend aus, ihr Haar kann aber zum Problem werden, wenn nicht zumindest im Bereich der

Kruppe hartes Haar fühlbar ist. Reine „Fluffies" werden höchst selten das erwünschte harte Deckhaar bekommen.

Wenn alle Welpen eines Wurfes einen gesunden, kräftigen Eindruck machen und keine Verhaltensauffälligkeiten zeigen, ist es letztlich Gefühlssache, für wen man sich entscheidet: für den Frechsten, den Fröhlichsten, den selbstbewußt Zurückhaltenden – oder wer sonst gerade Liebe auf den ersten Hundeblick ausgelöst haben mag.

Die Übernahme des Welpen

Zwar ist es den Züchtern nach den Bestimmungen der Zuchtordnung des KfT gestattet, einen Norfolk- oder Norwich-Welpen mit vollendeten acht Wochen abzugeben, doch liegt das ideale Übergabealter eines Welpen zwischen der 10. und 12. Lebenswoche.

Die letzte Entwicklungsphase eines Welpen, die Sozialisierungsphase, in der sein Verhalten als Hund gegenüber anderen Hunden entscheidend geprägt wird, liegt nämlich zwischen der 8. und 12. Lebenswoche. Je nach Entwicklungsfortschritt, der maßgeblich auch dadurch bestimmt wird, ob sich neben der Hündin auch ein Rüde um die Erziehung der Welpen kümmert, kann der Welpe demnach als wesensmäßig gefestigter, verhaltenssicherer kleiner Hund von der 10. Woche an in sein neues Zuhause entlassen werden.

Es sollte sich von selbst verstehen, daß der Züchter den neuen Eigentümern seines Zuchtproduktes auch in Zukunft mit Rat und Tat zur Seite steht, insbesondere dann, wenn es sich um Ersterwerber handelt.

Über etwaige zum Zeitpunkt der Abgabe des Welpen bestehende erkennbare Fehler muß der Züchter den Käufer vor Abschluß des Kaufvertrages informieren. Der Käufer sollte sich bei dieser Gelegenheit von dem KfT-Züchter den Wurfabnahmeschein vorlegen lassen. Ob ein Kaufvertrag über einen Welpen mündlich oder schriftlich geschlossen wird, ist für seine Gültigkeit belanglos. Musterverträge erhält man beim VDH (s.S. 116).

Wenn die neuen Eigentümer nicht schon bei früheren Besuchen einen Futter- und Pflegeplan sowie umfassende Instruktionen für das Einleben des Welpen in der neuen Umgebung erhalten haben, so sind diese spätestens jetzt fällig. Bei der Übergabe des Welpen, der bei guter Gesundheit und vorschriftsmäßig geimpft und entwurmt sein muß, sind den neuen Eigentümern auch die vom Zuchtbuchamt des KfT ausgestellte Ahnentafel und der Impfpaß auszuhändigen. Liegt die zum Hund gehörende Ahnentafel dem Züchter zum Zeitpunkt der Abgabe des Welpen noch

nicht vor, so wird er sie unverzüglich nachliefern. Mit Ahnentafeln des KfT ausgestattete Welpen sind tätowiert. Der Welpe trägt die Tätowiernummer (die Zuchtbuchnummer der Ahnentafel) als Identitätsnachweis im rechten Ohr.

Die Tätowiernummer ist auch noch im Impfpaß niedergelegt, der Angaben über folgende Erstimpfungen enthalten muß: Staupe, Hepatitis, Leptospirose und Parvovirose.

Die körperliche Übernahme des Welpen sollte schließlich so vonstatten gehen, daß sich ein Familienmitglied auf der Fahrt zum endgültigen Zuhause des vierbeinigen Familienzuwachses intensiv um den kleinen Norfolk oder Norwich kümmert – am besten die Person, die auch später während des Tages seine Hauptbezugsperson sein wird. Außerdem sollte man zu einer Tageszeit in der neuen Umgebung eintreffen, die es dem Welpen erlaubt, sich erst einmal von den Anstrengungen der Übersiedlung zu erholen, um dann die neue Umwelt neugierig und selbstbewußt zu erforschen und in Besitz zu nehmen. Als absoluter Mittelpunkt des Interesses wird ein kleiner Norfolk oder Norwich Terrier sehr schnell sein Dasein genießen und die erste Nacht erschöpft und zufrieden schlafend in seinem Körbchen verbringen. Sollte er wider Erwarten unruhig sein und seinem alten Rudel nachtrauern, so kann man sein Körbchen neben das Bett stellen und dem Welpen durch gelegentliches Streicheln zu erkennen geben, daß er keinen Anlaß hat, sich allein zu fühlen. Und schon bald wird er sich so verhalten, als habe er nirgendwo anders gelebt.

Aufzucht, Pflege und Erziehung

Wer seinen zehn bis zwölf Wochen alten Norfolk- oder Norwich-Welpen in sein Haus geholt hat, tut zunächst einmal gut daran, die Ratschläge des Züchters zu beachten, damit sich die Veränderungen, denen der Welpe kurzfristig ausgesetzt wird, in Grenzen halten.

Selbstverständlich ist es keineswegs schädlich, sich vorher über die grundlegenden Fragen der Hundehaltung sachkundig zu machen, um auf diesem – gelegentlich in unverantwortlicher Weise theoretisch überhöhten – Gebiet zu einem eigenen Urteil zu gelangen.

Verständliche Sachbücher über Hundehaltung im allgemeinen mit fundierten Ausführungen über Aufzucht, Erziehung und Pflege sind inzwischen keine Seltenheit mehr, und für die niederläufigen Terrier insgesamt hat Wiebke Steen zu diesem Thema in ihrem Buch „Terrier" auf der Grundlage gesicherter Erkenntnisse und langjähriger praktischer Erfahrungen eine Vielzahl beherzigenswerter Empfehlungen und Warnungen ausgesprochen.

Die Ausführungen zu Aufzucht, Pflege und Erziehung von Norfolk und Norwich Terriern können sich deshalb, neben einigen grundlegenden Feststellungen, ganz auf rassespezifische Fragestellungen konzentrieren, um folgenschwere Fehler bei der Haltung eines Norfolk oder Norwich Terriers zu vermeiden. Der Satz „Die Zucht macht den Welpen, die Aufzucht den Hund" ist nämlich zumindest insofern uneingeschränkt richtig, als auch ein in Konstitution und Wesen hervorragender Welpe durch schwerwiegende Aufzucht-, Pflege- und Erziehungsfehler noch gründlich ruiniert werden kann.

Aufzuchtbedingungen und Aufzuchtfehler

Bei der Aufzucht eines jungen Norfolk oder Norwich Terriers sollten zunächst folgende allgemeingültige Grundsätze beachtet werden:

- Der Welpe braucht eine ausreichend große, möglichst mit einer Decke gut ausgelegte und zugfrei aufgestellte Behausung, die ihm als Schlafplatz dient. Offene oder geschlossene Körbchen aus stabilem Kunststoff sind dabei solchen aus Holz oder Weidengeflecht vorzuziehen, da letztere recht schnell dem Kau- und Nageeifer eines aktiven Welpen zum Opfer fallen, wenn keine Kauknochen oder Büffelhautstäbchen verfügbar sind.

- Welpen haben ein ausgeprägtes Schlafbedürfnis. Dem ist insbesondere nach größeren Erkundungsgängen, die bei Welpen jedoch noch nicht zu Gewaltmärschen ausarten dürfen, und nach den Mahlzeiten (mit den danach zu verrichtenden größeren oder kleineren „Geschäften") sorgfältig Rechnung zu tragen.
- Ein Welpe muß regelmäßig gefüttert werden. Es ist daher wichtig, bestimmte Futterzeiten konsequent einzuhalten; frisches Trinkwasser muß stets vorhanden sein (siehe Kapitel Ernährung).
- Welpen haben einen natürlichen Erkundungsdrang. Es wäre unklug, diese Neigung – gerade bei so lebhaften und aktiven Hunden wie Norfolk und Norwich Terriern – im eigenen Haus und Garten nicht zu unterstützen oder sie gar einzuschränken. Schließlich muß ein Hund das Territorium, das er bewachen und ggf. verteidigen soll, auch gründlich kennen.
- Junge Hunde sind im Gebäude noch sehr lose, deshalb können durch Aufzuchtfehler insbesondere Bänder und Muskeln geschädigt und unter extremen Bedingungen sogar die Knochen deformiert werden. Dies gilt generell vor allem für das Hochnehmen junger Hunde: Sie dürfen niemals an den Vorderläufen hochgezogen oder gar unter den Ellenbogen hochgestemmt werden. Richtig ist hingegen, mit einer Hand unter das Hinterteil des Hundes zu greifen, möglichst ohne dabei die Rute einzuklemmen, und die andere Hand unter den vorderen Teil des Brustkorbs zu legen, wobei man noch mit Daumen und kleinem Finger die Vorderläufe des Hundes umfassen kann.

Wie bei allen niederläufigen Hunden ist es auch bei Norfolk und Norwich Terriern im Blick auf Knochen-, Muskel- und Bänderschäden ein unter Umständen folgenschwerer Aufzuchtfehler, einen weniger als zehn bis elf Monate alten Hund regelmäßig Treppen steigen oder niedrige Brüstungen erklimmen zu lassen.

Krumme Rücken und fehlerhafte Fronten mit ausgedrehten Ellenbogen, nicht am Brustkorb anliegenden Oberarmknochen und losen Schultern können Folgen dieses Fehlers sein. Auch das Gebiß, das Haar und die Ohren von Norfolk und Norwich Terriern können durch Aufzuchtfehler geschädigt werden.

Während des Umzahnens, also in der Phase des Wechsels vom Welpengebiß zu den bleibenden Zähnen, sollte man auf keinen Fall in der Weise mit einem jungen Norfolk oder Norwich spielen, daß man ihn an Tüchern oder Ähnlichem zerren läßt oder ihn hinter sich herzieht.

Ein echter Norwich Terrier „of Hemlock's Gang" fühlt sich in jedem Gelände wohl

Schmusestunde im Zwinger „vom Rittersee"

Mancher knappe Scherenschluß ist auf diese Weise schon zum Vorbiß geworden. Ochsenziemer, Kauhufe oder Kaunochen aus Büffelhaut sind während des Umzahnens ideal; das intensive Benagen dieser Knochen hilft, die Zähne des Milchgebisses zu lockern, das Zahnfleisch zu massieren und die Kiefer zu festigen.

Während des Zahnwechsels kommt es beim Norwich Terrier gelegentlich vor, daß bereits stehende Ohren wieder kippen. Neben einer besonders mineralstoffreichen Ernährung in dieser Phase ist darauf zu achten, daß die Ohren kurz nach Beendigung des Umzahnens wieder zum Stehen kommen. Ist dies vor allem bei relativ großen Ohren nicht bis zum 8. Monat geschehen, so sollten die Ohren regelmäßig massiert oder aber „geklebt" werden. Wenn diese Prozedur wirklich notwendig werden sollte, ist es ratsam, sie durch den Züchter oder einen erfahrenen Tierarzt vornehmen zu lassen. Beim Norfolk Terrier ist die Problemlage genau umgekehrt: Hier gilt es, vor allem im Halbstarkenalter der Hunde, darauf zu achten, daß bis

Veränderungen der Zahnstellung, insbesondere bei den Schneidezähnen, oder gar des Unterkiefers, der ja nur ein sogenannter Deckknochen ist, können die Folge sein, denn die Kraft, die ein junger Terrier beim Sich-Entgegenstemmen entwickelt, und ihre Auswirkungen auf noch nicht gefestigte Zähne und Knochen werden häufig unterschätzt.

dahin korrekt getragene Ohren nicht „hochkommen" und zu „Flatterohren" werden. Wer sich an solchen Ohren stößt, sollte sich wegen des „Klebens" ebenfalls an Züchter oder Tierarzt wenden.

Zur artgerechten Aufzucht von Norfolk und Norwich Terriern gehört auch die Sicherung der notwendigen Bewegung. Ohne sie kann sich die Muskulatur, insbesondere die der Hinterhand, nicht so kräftig entwikkeln, wie es bei diesen Rassen aus guten Gründen erwünscht ist.

Pflegehinweise

Die regelmäßige und sorgfältige Pflege unseres Norfolk oder Norwich Terriers dient nicht nur seiner Gesundheit, sondern auch seinem typischen Aussehen.

Soweit sich die Pflege unseres Lieblings auf seine Ernährung bezieht oder auf die Erhaltung seiner Gesundheit, vor allem was Zähne, Augen und Ohren anbetrifft, so sind diese Fragen ausführlich in den Kapiteln „Ernährung" und „Gesundheit" behandelt. Auch nur in einem der beiden Bereiche nicht die notwendige Sorgfalt walten zu lassen ist nicht nur verantwortungslos dem Hund gegenüber, sondern überdies im Zweifel auch sehr teuer.

Obwohl Norfolk und Norwich Terrier zu den pflegeleichten kleinen Terrierrassen gehören, gibt es noch einige häufige Pflegefehler, die zwar primär das typische Aussehen von Norfolk und Norwich Terriern berühren, in krasser Form aber auch seine Gesundheit beeinträchtigen können; sie betreffen Pfoten, Fell und Ohren.

Wenn sich die Krallen eines Terriers nicht mehr auf natürlichem Wege abschleifen, was unter den heutigen Lebensumständen eines Hundes häufig geschieht, dann müssen sie durch regelmäßiges Schneiden mit einer Krallenzange kurz gehalten werden. Überlange Krallen und Spreizpfoten sind keineswegs nur Schönheitsfehler, sie verändern nicht selten die Pfotenstellung (die Pfote dreht nach außen) und beeinträchtigen schließlich das Gangwerk insgesamt.

Zu Verfilzungen zwischen den Ballen, in die sich dann leicht Schmutz und kleine Steine setzen, kommt es, wenn die Haare zwischen den Ballen nicht kurz gehalten werden. Warnzeichen in dieser Richtung sind ständiges Lecken und Nagen an den Pfoten. Beim Krallenschneiden ist im übrigen bei gut pigmentierten Nägeln besonders darauf zu achten, daß die Ader in der Kralle nicht verletzt wird.

Wird das Fell eines doppelhaarigen Hundes nicht regelmäßig mit der Bürste und mit einem Kamm gepflegt, kommt es im günstigsten Falle zu Verfilzungen und Verknotungen, deren Beseitigung für den Hund höchst schmerzhaft ist. Bei längere Zeit

bestehenden Verfilzungen der Unterwolle kann es zur Ekzembildung kommen.

Übergroße Reinlichkeit ist ebenso falsch: Häufiges Baden schadet nicht nur der Haarstruktur, denn das harte Deckhaar wird weich und verliert, sofern kein rückfettendes Shampoo verwendet wird, seine Fähigkeit, Schmutz abzuweisen, es schadet auch der Haut, denn deren natürlicher Säuremantel kann geschädigt werden, was eine stärkere Entzündungsneigung zur Folge hat.

Um Verklebungen am Barthaar zu vermeiden, sollte das Haar im Schnauzenbereich nach jedem Fressen gereinigt werden, außerdem sollte es selbstverständlich sein, daß die Afterregion nach jedem „Geschäft" kontrolliert und gegebenenfalls gesäubert wird.

Regelmäßige Fellpflege, die aufgrund des Massageeffektes über eine bessere Durchblutung der Haut der Haarqualität auch indirekt zugute kommt, ist durch sporadische Großeinsätze nicht zu ersetzen – und nur, wenn sich unser Norfolk oder Norwich Terrier einmal in Aas oder noch übler Riechendem gewälzt haben sollte, ist eine Dusche unter Verwendung eines rückfettenden Spezialshampoos fällig. Wird der Hund danach trockenfrottiert (fönen ist nicht wünschenswert, es sei denn, der Hund kann sein Haar nicht zugfrei trocknen) und gebürstet, so hält sich die Beeinträchtigung der Haarqualität in Grenzen.

Schließlich kommen die Ohren einiger Norwich-Welpen durch mangelnde Pflege gelegentlich nicht zum Stehen: Werden bei extrem starkem Haarwuchs an den weichen Ohren die Ohrmuscheln für längere Zeit nicht fachgerecht freigetrimmt, so kann eine starke Befederung verhindern, daß sich die Ohren korrekt aufrichten.

Dagegen kann beim Norfolk Terrier zu langes Haar am Kopf unter dem gekippten Teil der Ohren dazu führen, daß die Ohren „hochgedrückt" werden – was auf Dauer die Ohrhaltung ebenso negativ beeinflußt.

Außerdem ist bei Norfolk und Norwich auf den Haarwuchs im äußeren Gehörgang sorgfältig zu achten; er begünstigt das Entstehen von Ohrentzündungen. Die betreffenden Haare müssen regelmäßig ausgezupft werden, um solche Entzündungen zu vermeiden.

Grundlagen der Erziehung und Einzelprobleme

Die Erziehung eines Hundes erfordert Konsequenz, Geduld und Einfühlungsvermögen – in dieser Hinsicht sind Hunde eben auch nur Menschen! – sowie die Kenntnis der Tatsache, daß Hunde nicht logisch denken, sondern assoziativ. Dies bedeutet schlicht, daß selbst ein intelligenter Norfolk oder Norwich Terrier üblicherweise nicht in der Lage ist, zwei in größerem zeitlichem Abstand stattfindende Ereignisse, die in ursächlichem Zusammenhang stehen, als ursächlich zusammenhängend zu begreifen; sein Denken vollzieht sich vielmehr in der Form, daß er zwei zeitlich unmittelbar aufeinanderfolgende Ereignisse in der Regel als zusammengehörig betrachtet.

Dieser Umstand hat für die Erziehung von Hunden weitreichende Konsequenzen:

- Das Strafen eines Hundes ist nur sinnvoll, wenn man ihn beim Begehen oder unmittelbar nach Begehen einer Missetat ertappt. Als Strafe geeignet sind ein scharfer „Anpfiff" und Schütteln des Hundes mit festem Griff im Nackenfell. Auf diese Weise lernt der Hund sehr schnell, was er darf und was er nicht darf. Schläge sind als Strafe denkbar ungeeignet, ein leichter Klaps kann jedoch unter Umständen vertretbar sein.
- Um einem Hund klar zu machen, was er zu tun hat, ist ein unmittelbar nach der Leistung gespendetes Lob, unter Umständen auch in Form von Leckereien, das gebotene Mittel. Wer seinen Hund zehnmal vergeblich zu sich gerufen hat,

muß ihn, selbst wenn das Stimmungsbarometer auf Orkan steht, intensiv loben, wenn er denn gütigerweise beim elften Mal tatsächlich kommt. Wer in einer solchen Situation die Selbstbeherrschung verliert und seinen Hund in dem Moment, in dem er zu ihm gekommen ist, bestraft, bewirkt damit nur, daß der Hund mit „auf Befehl zu Herrchen kommen" bündig „bestraft werden" assoziiert. Ein solcher Hund wird seinen „Erzieher" in vergleichbaren Situationen nur noch mit Sicherheitsabstand umkreisen, was unter anderem das Anleinen ganz außerordentlich erschwert. Mit der Hand geprügelte Hunde können sogar handscheu werden.

Zur Konsequenz bei der Erziehung so pfiffiger Hunde, wie es diese Terrier nun einmal sind, gehört auch, daß man geduldig das Befolgen einer einmal gegebenen Anordnung herbeiführt und daß man für ein und dieselbe Anordnung auch stets ein und dasselbe Kommando bei entsprechendem Tonfall verwendet. Jeder Norfolk und Norwich Terrier lernt so sehr schnell, wer der Rudelführer ist – insbesondere dann, wenn dieser beim Erziehen seines Hundes klug genug ist, nur dann einen Befehl zu geben, wenn er ihn auch durchsetzen kann. Im übrigen: Wer nicht sofort mit der Erziehung seines Norfolk oder Norwich Terriers beginnt, darf sicher sein, von ihm erzogen zu werden. Hundeerziehung läßt sich nun einmal nicht aufschieben. Es ist kaum möglich, einem Hund klar zu machen, daß Dinge, die zwei Wochen lang geduldet oder gar mit Entzücken verfolgt wurden, plötzlich verboten sein sollen.

Obwohl über die Erziehung zur Stubenreinheit bei manchen Schreibtischkynologen recht seltsame Vorstellungen bestehen, ist sie üblicherweise nicht mit Schwierigkeiten verbunden. Entscheidend ist, daß man sich einige Tage Zeit nimmt, den gerade erworbenen Welpen genau zu beobachten und die zeitliche Abfolge seiner Bedürfnisse kennenzulernen, denn kleine und vor allem größere Geschäfte kommen nicht aus heiterem Himmel.

Die Erfahrung lehrt, daß man mit folgender Faustregel in relativ kurzer Zeit sicher zum Erfolg kommt: Wer mit dem Welpen nach jedem Fressen, nach jedem Schlafen, zwischendurch spätestens nach jeweils eineinhalb bis zwei Stunden und dazu abends so spät und morgens so früh wie möglich nach draußen an den Ort geht, der auf Dauer sein Löseplatz sein soll, dort genügend Geduld für den Hund aufbringt und ihn nach Erledigung seiner Geschäfte ausgiebig lobt, hat sehr bald einen stubenreinen Hund, der anzeigt, wann er „muß".

War der Welpe bei seinem Züchter daran gewöhnt, sich im Haus auf Zeitungspapier zu lösen, wobei die Zeitungsfläche im Laufe der Zeit immer kleiner wurde, so empfiehlt es sich grundsätzlich, dieses Verfahren insoweit beizubehalten, als man dem Welpen die Zeitung zunächst als Löseplatz läßt (im Idealfall auf dem Balkon oder auf der Terrasse).

Trotzdem sollte der Hund zu den schon genannten Anlässen und Zeiten regelmäßig nach draußen geführt werden, und zwar möglichst an einen Ort, dessen Untergrund dem Auslauf des Welpen beim Züchter ähnelt. Der Welpe wird sich recht bald daran gewöhnen, seine Geschäfte draußen zu verrichten, da er den natürlichen Trieb hat, seine Behausung sauber zu halten - ganz davon abgesehen, daß es draußen interessanter riecht.

Wenn man feststellt, daß ein Welpe sich nach dem Fressen oder Schlafen mit suchendem Schnüffeln unter auffälligen Drehungen niederhockt, kann man ihn noch hochnehmen und nach draußen auf seinen Löseplatz setzen.

Bei einem Welpen, der mit der Zeitungsmethode erzogen wurde, wäre es jedoch problematisch, ihn noch hochzunehmen, wenn er sich auf seine Zeitung gehockt hat; er könnte das so verstehen, daß er nicht mehr auf die Zeitung machen soll, was aber für nachts und für längere Zeiten des Alleinseins am Tage durchaus wünschenswert ist.

Es ist im übrigen dringend zu empfehlen, der Erziehung zur Stubenreinheit bei Norfolk und Norwich Terriern die notwendige Sorgfalt zu widmen.

Ein wohlerzogener Norfolk oder Norwich Terrier darf aber nicht nur seine Wohnung nicht verunreinigen, er soll sie auch bewachen und verteidigen; letzteres gilt auch für seine zweibeinigen Rudelgefährten. Es gehört zur natürlichen Ausstattung von Norfolk und Norwich Terriern, dies ohne große Anleitung zu tun.

Wer aber in eitler Freude darüber, daß er sich seinem Volke mit einem nicht gerade alltäglichen Hund zeigen kann, diesen von jedermann streicheln läßt, darf sich nicht wundern, wenn sein Terrier bald eine seiner schätzenswerten Gebrauchseigenschaften verliert und zu jedermanns Liebling wird.

Von der Erziehung eines Norfolk oder Norwich Terriers bis zu seiner Ausbildung ist es, angesichts der spezifischen Veranlagung dieser Rassen, eigentlich nur ein kleiner Schritt. Leider wird dieser Schritt nur sehr selten getan.

Die Zahl der Norfolk und Norwich Terrier, die zu verkehrssicheren Begleithunden ausgebildet oder jagdlich geführt werden oder die sich bei Agility-Wettbewerben tummeln, ist in Deutschland noch ziemlich gering.

Das Ausstellungswesen

Das Ausstellungswesen ist heute ein bedeutender Zweig des Hundesports, der sich zunehmender Beliebtheit erfreut. Wenn auch nicht zu verkennen ist, daß Hundeausstellungen, die angesichts ihrer kynologischen Zielsetzung besser Zuchtschauen heißen sollten, für einige vom Mittel zum Zweck der Hundezucht entartet sind, so ist ihr Wert unter sachkundigen Hundefreunden doch nach wie vor unbestritten.

Zuchtschauen sind, wie Robert Bandel gültig festgestellt hat, zuchtfördernde Einrichtungen, die das Zuchtniveau widerspiegeln und den Interessenten informieren.

Schon mancher, der als Zuschauer eine Rassehundezuchtschau besuchte, um sich einmal unverbindlich

26 Terrierrassen, die vom Klub für Terrier e.V. von 1894 betreut werden:
Airedale Terrier, Australian Terrier, Australian Silky Terrier, Bedlington Terrier, Border Terrier, Boston Terrier, Cairn Terrier, Cesky Terrier, Dandie Dinmont Terrier, English Toy Terrier (Black and Tan), Irish Terrier, Irischer Glen of Imaal Terrier, Irischer Soft Coated Wheaten Terrier, Kerry Blue Terrier, Lakeland Terrier, Manchester Terrier, Norfolk Terrier, Norwich Terrier, Parson Jack Russell Terrier, Schwarzer Russischer Terrier, Scottish Terrier, Sealyham Terrier, Skye Terrier, Welsh Terrier, West Highland White Terrier, Yorkshire Terrier

zu informieren, ist zum Liebhaber einer bestimmten Rasse und zum Halter eines Hundes dieser Rasse geworden; schon mancher, der seinen Hund einfach „nur einmal“ von einem Zuchtrichter beurteilen oder auf Bitten des Züchters die Zuchttauglichkeit seines Hundes bestätigen lassen wollte, hat sich zum begeisterten Aussteller und engagierten Züchter entwickelt.

Das Ausstellungsreglement

Für jeden, der seinen Norfolk oder Norwich Terrier ausstellen möchte, sind gewisse Grundkenntnisse des international streng reglementierten Ausstellungswesens unerläßlich. Die wichtigsten Gegenstände der Bestimmungen der Zuchtschauordnungen der F.C.I., des VDH und des KfT sind

- die Einteilung der Zuchtschauen,
- die Klasseneinteilung auf Zuchtschauen,
- die Formwertnoten und
- die Vergabebedingungen für Championate.

Die Einteilung der Zuchtschauen

Zuchtschauen werden in Spezialzuchtschauen, Allgemeine Rassehunde-Zuchtschauen und Internationale Rassehunde-Zuchtschauen eingeteilt.

Spezialzuchtschauen, auf denen Norfolk und Norwich Terrier ausgestellt werden können, veranstaltet der Klub für Terrier für die zur Zeit 26 von ihm vertretenen Terrierrassen von Anfang Februar bis Mitte Dezember an beinahe jedem Wochenende, je nach Jahreszeit in der Halle oder im Freien. Auf diesen Zuchtschauen können, jeweils getrennt nach Rüden und Hündinnen, das CAC (Certifikat d'aptitude au championat) als Anwartschaft auf den Titel Deutscher Champion (KfT) und das Jugend-CAC als Anwartschaft auf den Titel KfT-Jugendchampion errungen werden, sofern die Spezialzuchtschau des KfT unter Terminschutz des VDH stattfindet; darüber hinaus werden auch Anwartschaften auf den Titel Deutscher Champion (VDH) vergeben.

Auf der jährlich stattfindenden Klubsieger-Zuchtschau des KfT kommen außerdem noch die Titel Klubsieger und Klubjugendsieger zur Vergabe.

Allgemeine Rassehunde-Zuchtschauen, die praktisch kaum noch veranstaltet werden, und **Internationale Zuchtschauen** sollen stets in überdachten Räumen unter Verwendung von Boxen und Käfigen durchgeführt werden.

Diese Ausstellungen haben stets den VDH-Terminschutz, **Internationale Zuchtschauen**, von denen in der Bundesrepublik Deutschland jährlich etwa zwölf bis fünfzehn veranstaltet werden, zusätzlich die Anerkennung der F.C.I. Auf Internationalen Zuchtschauen kann, über die schon genannten Anwartschaften hinaus, noch das begehrte CACIB (Certifikat d'aptitude au championat international de beauté), die Anwartschaft auf das Internationale Schönheitschampionat, vergeben werden. Weltweites Ansehen haben sich inzwischen Deutschlands berühmteste Internationale Rassehunde-Zuchtschauen, die VDH-Europasieger- und die Bundessieger-Zuchtschau, erworben. Die hier vergebenen Tagestitel VDH-Europasieger und VDH-Europajugendsieger sowie Deutscher Bundessieger und Bundesjugendsieger werden mit Recht hoch geschätzt.

Die Klasseneinteilung

Auf Zuchtschauen werden die Hunde, getrennt nach Rüden und Hündinnen, in verschiedenen Klassen gerichtet; jeder Hund darf nur in einer Klasse gemeldet werden.

Für Terrierrassen, die vom KfT vertreten werden, gilt folgende Einteilung:

Jüngstenklasse. Für Terrier im Alter von sechs bis neun Monaten.

Jugendklasse. Für Terrier im Alter von 9 bis 18 Monaten.

Offene Klasse. Für alle Terrier mit einem Mindestalter von 15 Monaten.

Gebrauchshundklasse. Für alle Terrier, die mindestens 15 Monate alt sind und ein Ausbildungskennzeichen erworben haben.

Championklasse. Für Terrier, die mindestens 15 Monate alt sind und einen anerkannten Champion- oder Siegertitel errungen haben.

Zuchtklasse. Für Terrier, die mindestens 15 Monate alt und zur Zeit der Ausstellung ohne Unterbrechung Eigentum des Züchters sind.

Die Zuchtklasse wird nur auf den Spezialzuchtschauen des KfT eingerichtet; auf Internationalen Zuchtschauen sind Hunde, die auf KfT-Schauen in dieser Klasse gemeldet werden können, in der Offenen beziehungsweise Championklasse zu melden.

Zu beachten ist weiterhin, daß auf Spezialzuchtschauen des KfT nur in der Offenen, Gebrauchshund- und Championklasse gemeldete Hunde um das CAC konkurrieren können; auf Internationalen Zuchtschauen stehen die Hunde aus der Offenen, der Gebrauchshund- und der Championklasse im Wettstreit um das CACIB.

Darüber hinaus besteht auf Spezialzuchtschauen des KfT noch die Möglichkeit, Hunde in der Ehrenklasse, der Veteranenklasse oder „außer Konkurrenz" starten zu lassen. Terrier, die in diesen Klassen entsprechend den Bestimmungen der Zuchtschauordnung der KfT gemeldet sind, erhalten zwar auch Formwertnoten oder werden plaziert, konkurrieren aber nicht um die Anwartschaften.

Die Formwertnoten

Nach Artikel 19 des Ausstellungsreglements des F.C.I. müssen sich die Zuchtrichter in ihrem Urteil streng an den Standard der zu richtenden Rasse halten, wie er von der F.C.I. veröffentlicht ist. Sie können folgende Formwertnoten vergeben: Vorzüglich, Sehr gut, Gut, Genügend, Nicht genügend.
Vorzüglich darf nur einem Hund zuerkannt werden, der dem Idealstandard der Rasse sehr nahe kommt, in ausgezeichneter Verfassung vorgeführt wird, ein harmonisches, ausgeglichenes Wesen ausstrahlt, der „Klasse“ und eine hervorragende Haltung hat. Seine überlegenen Eigenschaften seiner Rasse gegenüber werden kleine Unvollkommenheiten vergessen machen, aber er wird die typischen Merkmale seines Geschlechts besitzen.
Sehr gut wird nur einem Hund zuerkannt, der die typischen Merkmale seiner Rasse besitzt, von ausgeglichenen Proportionen und in guter Verfassung ist. Man wird ihm einige verzeihliche Fehler nachsehen, jedoch keine morphologischen. Dieses Prädikat kann nur einem Klassehund verliehen werden.

Wer sich als Aussteller eines Norfolk oder Norwich Terriers die Anforderungen, die die Formwertnote „Sehr gut“ an einen Hund stellt, vor dem Hintergrund der Bestimmungen des jeweiligen Rassestandards einmal kritisch vor Augen führt, müßte eigentlich über diese Note sehr glücklich sein, denn sie darf nur einem Klassehund verliehen werden.

Das „Vorzüglich“ hingegen muß wirklichen Spitzenhunden vorbehalten bleiben, will man seine Aussagekraft nicht verfälschen – oder, um mit Peter Beyersdorf zu sprechen: Nicht jeder schöne Hund kann ein „V“ bekommen.

Im übrigen ist das Richterurteil grundsätzlich verbindlich und unanfechtbar; es sollte in sportlicher Haltung akzeptiert werden. Einer der bedeutendsten englischen Kynologen, W. L. McCandlish, hat schließlich schon 1909 mit dem ihm eigenen Sarkasmus für seine Lieblingsrasse die durchaus generalisierbare Feststellung getroffen: „Die Rasse wird häufig von Personen gerichtet, die bei ihrem Urteil besonderes Gewicht auf Punkte legen, die für die Rasse von Bedeutung sind, die sie am besten kennen. – Diese Richter geben ihr Bestes, und ich habe nicht die Absicht, sie unter Beschuß zu nehmen, aber ich würde gern alle Züchter erschießen, die Hunde züchten, die solchen Richtern gefallen.“

Die Vergabebedingungen für Championate

Für die wichtigsten Championtitel, die Norfolk und Norwich Terrier errin-

Auch Top-Hunde brauchen regelmäßiges Training

gen können, gelten folgende Vergabebedingungen:

KfT-Jugendchampion. In der Jugendklasse müssen unter mindestens drei verschiedenen Richtern in mindestens zwei KfT-Landesgruppen vier Anwartschaften (Jugend-CACs) erworben werden.

Deutscher Champion (KfT). Unter mindestens drei verschiedenen Richtern müssen in mindestens zwei KfT-Landesgruppen vier Anwartschaften (CACs) erworben werden, davon mindestens eine auf einer Internationalen oder der Klubsieger-Zuchtschau. Zwischen der ersten und der letzten Anwartschaft müssen mindestens 12 Monate und 1 Tag liegen.

Deutscher Champion (VDH). Es müssen vier bestätigte Anwartschaften auf das VDH-Championat (VDH-CHA) vorgelegt werden; mindestens zwei müssen auf einer Internationalen Rassehunde-Zuchtschau erworben sein, zwei weitere können auf Spezialzuchtschauen, die vom VDH geschützt sind, errungen werden. Zwischen der ersten und der letzten Anwartschaft müssen mindestens 12 Monate und 1 Tag liegen.

Internationaler Champion. Es müssen vier durch die F.C.I. bestätigte CACIB unter drei verschiedenen Richtern in drei verschiedenen Ländern errungen werden, davon eines im Heimatland des Hundeeigentümers oder im Ursprungsland der Rasse.

Zwischen dem ersten und dem letzten CACIB muß ein zeitlicher Zwischenraum von mindestens einem Jahr und einem Tag liegen.

Die Vorbereitung von Norfolk und Norwich Terriern für die Ausstellung

Um mit Norfolk und Norwich Terriern Ausstellungserfolge erringen zu können, sind Kenntnisse des Ausstellungsreglements zwar wichtig, entscheidend für den Erfolg ist indessen die Beurteilung der Hunde im Ausstellungsring.

Mit einem Norfolk oder Norwich Terrier, der in Konstitution und Wesen dem Rassestandard möglichst vollkommen entspricht, hat man sicherlich eine wichtige Voraussetzung für hervorragende Beurteilungen geschaffen, doch um auf Dauer ganz vorn zu stehen, muß auch ein Spitzenhund stets in bester Verfassung im Ring präsentiert werden.

Damit ein Norfolk oder Norwich Terrier in bester Kondition im Ring vorgeführt werden kann, benötigt er ein perfektes Trimming, ein sorgfältiges Training und gekonntes Handling. Erstklassiges Trimming, Training und Handling erfordern bei beiden Rassen neben der souveränen Beherrschung des jeweiligen Rassestandards einen sicheren Blick für die Qualitäten eines jeden Hundes, Einfühlungsvermögen in seine Persönlichkeit, viel Geduld und konsequente Arbeit.

Trimming

Bevor man sich daran gibt, seinen **Norfolk** oder **Norwich** Terrier zu trimmen, sollte man sich vor Augen halten, daß es durchaus nicht immer unumstritten war, ob diese Rassen überhaupt getrimmt werden sollten. Hinter diesem Streit, der in den 50er Jahren durch die überragenden, höchst ansprechend herausgebrachten Whinlatter-Hunde aufbrach und definitiv zugunsten eines unauffälligen, maßvollen Trimmings („Tidying") entschieden wurde, steht die – von allen Beteiligten glücklicherweise unumstrittene – Auffassung, daß **Norfolk** und **Norwich** Terrier in Ausstellungskondition wohl „zurechtgemacht", keinesfalls jedoch „übertrimmt" wirken dürfen. Ein maßvolles Trimming ist also auch bei **Norfolk** und **Norwich** Terriern dringend anzuraten, wobei die Kunst eben darin besteht, das rechte Maß zu finden.

Die Forderungen der Rassestandards zum Haarkleid, die Hinweise auf den Arbeitsterrier („bei ehrlicher Arbeit erworbene Narben") und die dezidierte Aussage des **Norfolk**-Standards „Übermäßiges Trimmen ist unerwünscht" zeichnen für das Trimmen der Rassen bereits ein hilfreiches Bild: Es sollte sich deutlich von stark zu trimmenden Rassen wie z. B. Scottish und West Highland White Terrier unterscheiden. Wie sehen also das korrekte Trimming und die richtige Pflege von **Norfolk** und **Norwich** Terrier aus? Um es deutlich zu sagen: Tägliches Bürsten und Kämmen reichen aus, um **Norfolk** und **Norwich** rassegerecht zu pflegen. Das Trimmen ist dagegen eine andere und etwas kompliziertere Angelegenheit.

Es erfordert nämlich, ein Bild vom Endzustand der Bemühungen vor Augen zu haben (wobei es hilfreich sein kann, sich an Spitzenvertretern der Rassen zu orientieren), und ein ausreichendes Grundwissen über die Anatomie der Rassen. Je fundierter dieses Wissen ist, desto genauer kann man erkennen, welche Ergebnisse beim Trimmen anzustreben sind.

Zunächst einmal muß nachdrücklich festgestellt werden, daß das Trimming von **Norfolk** und **Norwich** Terriern ausschließlich mit Daumen und Zeigefinger durchgeführt werden soll. Eine Schere darf lediglich zum Umschneiden der Pfoten und zum Kürzen der Haare an der Afterpartie verwendet werden. Diese Methode des Trimmens ist zwar recht mühsam, jedoch sehr effektiv. Um sich die Arbeit ein wenig zu erleichtern, kann man Daumen und Zeigefinger mit etwas Kreide einreiben, oder man benutzt dünne Gummifingerlinge. So kann das tote Haar beim Auszupfen besser gefaßt werden.

Man beginnt zweckmäßigerweise mit dem Herausarbeiten der „Oberen Linie", das heißt sämtliche längeren Haare, die über die gewünschte Linie herausragen, werden ausgezupft. Bereits hierbei sollte darauf geachtet werden, daß ein nicht ganz korrekter Rutensitz durch geschicktes – d.h. je nach Erfordernis stärkeres oder weniger starkes – Auszupfen auf der Kruppe optisch etwas korrigiert werden kann. Der Rücken sollte von einem Punkt kurz hinter dem Widerrist bis zur Kruppe eine waagerechte Linie bilden. Vom Nacken aus wird ein fließender Übergang zum Rücken und zu den schräg liegenden Schultern geschaffen, wobei im Nacken das Haar dichter und etwas länger belassen wird, um den Rücken optisch zu verkürzen bzw. den Hals länger wirken zu lassen. Sind die Schultern sehr massig, so muß auch hier stärker ausgedünnt werden. Die Vorderläufe sollen gerade und mit dichtem, hartem Haar bedeckt sein. Entsprechend müssen lange Haare ausgezupft und eventuell optische Korrekturen durch geschicktes Zupfen vorgenommen werden, damit die Läufe gerade wirken.

Ebenso wie an den Schultern wird im Bereich der Kruppe zur Seite hin ein gleichmäßiger Übergang zu den Oberschenkeln herausgearbeitet. Die

Rute wird sorgfältig von der Schwanzwurzel bis zu einem gerundeten Ende (bei kupierten Ruten) getrimmt, bei unkupierten Ruten in harmonischer Verjüngung bis zur Spitze.

Hat man die Hinterläufe gezupft, wobei darauf geachtet werden muß, daß die Winkelungen betont werden und keine zu voluminösen „Höschen" stehenbleiben, so kontrolliert man zum Schluß die Länge der Fußnägel vorn und hinten und schneidet gegebenenfalls überstehendes Haar rund um die Pfoten und zwischen den Ballen mit einer Schere ab, um auf diese Weise die gewünschten Katzenpfoten zu betonen. Auch bei der Hinterhand können durch geschicktes Trimming anatomische Fehlstellungen optisch etwas korrigiert werden.

Nun zum letzten Abschnitt, dem Kopf und der Halskrause.

Die Ohren des **Norwich** Terriers werden zu gut drei Vierteln zur Spitze hin abgetrimmt. Die Rückseite des getrimmten Teils sollte sich samtig anfühlen, der untere Teil bleibt in das Kopfhaar integriert.

Die Ohren des **Norfolk** Terriers werden auf beiden Seiten so gezupft, daß sie vom Ansatz an mit kurzem, samtartigem Haar bedeckt sind. Nicht unbedingt zum Trimming, aber zur Pflege gehört es, übermäßig lange Haare aus dem äußeren Gehörgang mit einer stumpfen Pinzette zu entfernen.

Die Haare des Kopfes und der Halskrause werden zweckmäßigerweise aufgebürstet und dann die länger überstehenden, toten Haare herausgezupft. Das tote Haar ist am ganzen Körper übrigens recht leicht dadurch zu erkennen, daß es etwas weicher und vor allem heller als das noch festsitzende, gesunde Haar ist.

Beim **Norfolk** Terrier ist besonders darauf zu achten, daß längeres, abstehendes Haar unter den Ohren sorgfältig entfernt wird (hier ist ggf. die Benutzung einer Effilierschere erlaubt), damit die Ohren keinesfalls „hochgedrückt" werden und die korrekte Ohrhaltung auf Dauer Schaden nimmt.

Zum Schluß wird der Übergang vom Unterkiefer zum Hals noch etwas übergetrimmt.

Ist dies alles getan, läßt man den Hund sinnvollerweise frei umherlaufen und sich ausgiebig schütteln. So wird man leicht erkennen, wo noch etwas nachzuarbeiten ist.

Zu einem ordentlichen Ausstellungstrimming gehören selbstverständlich auch die Kontrolle des Gebisses und das Entfernen eventuell vorhandenen Zahnsteins. Auch solche **Norfolk** und **Norwich** Terrier, die nicht auf einer Ausstellung gezeigt werden, sollten ein wenig zurechtgemacht sein, wobei die erforderliche Häufigkeit stark von der Haarfülle und dem Haarwuchs des einzelnen Hundes abhängt. Die Rute, die Ohren und die Pfoten müssen sicher häufiger

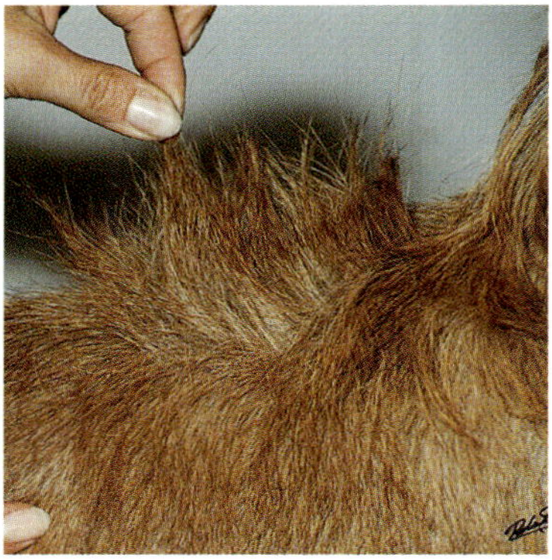

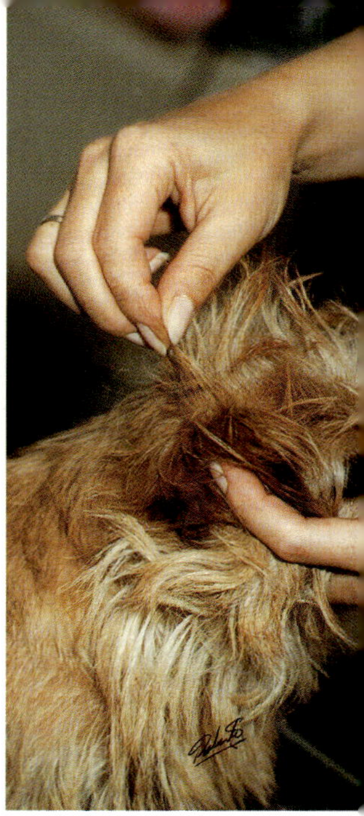

Trimming

Zum Trimmen benötigt man neben den richtigen Instrumenten vor allem sehr viel Fingerspitzengefühl

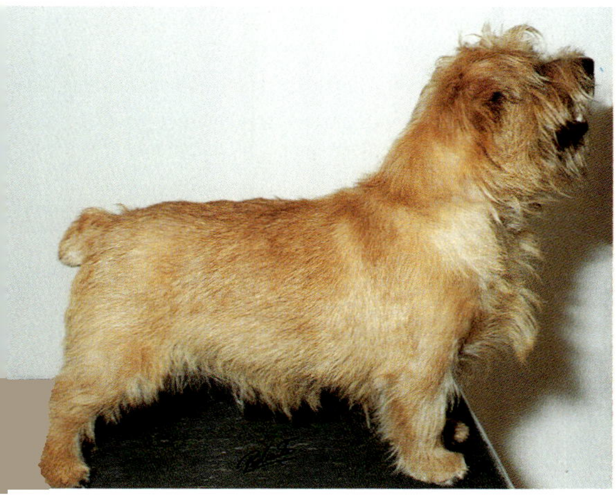

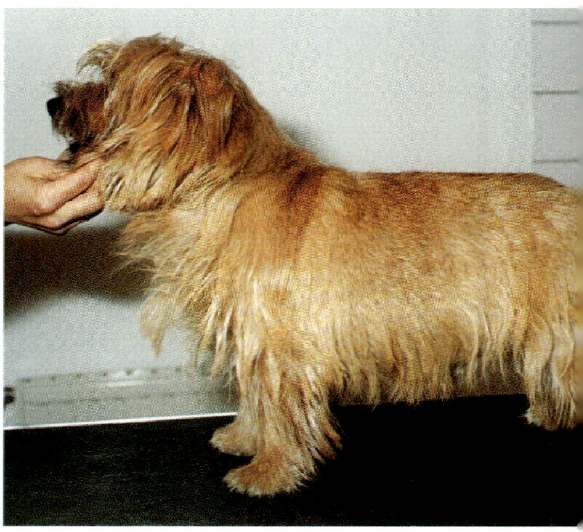

kontrolliert und gegebenenfalls getrimmt werden, gründliches Trimming des Kopfes und des Körpers ist meistens jedoch nur zweimal im Jahr – vornehmlich zur Zeit des Haarwechsels im Frühjahr beziehungsweise im Herbst – erforderlich.

Obwohl das Trimming des **Norfolk** oder **Norwich** Terriers durchaus nicht allzu kompliziert ist, sollte sich jeder Neuling bei einem erfahrenen Züchter durch mehrmaliges Zuschauen die Grundkenntnisse aneignen, bevor er sich selbst „ans Werk" macht. Mit etwas Geschick kann jeder die notwendigsten Handgriffe lernen und somit seinen Hund immer rassetypisch aussehen lassen, soweit dies durch Trimmen erreichbar ist.

Jenes unauffällig-perfekte Ausstellungstrimming, das bei **Norfolk** und **Norwich** Terrier das harsche glatte Haarkleid wie einen natürlichen, enganliegenden Mantel und die „Problemzonen" im Bereich von Kopf und Läufen „wie gewachsen", den Hund also absolut natürlich erscheinen läßt, beherrschen selbst unter denen, die als „Profis" gelten, nur die wenigsten; und nur von diesen wenigen kann es, bei hinreichendem Talent, auch erlernt werden. Talent allein reicht indessen nicht aus. Das rassespezifische „Tidying" setzt neben dem sicheren Blick für die Stärken und Schwächen des jeweiligen Hundes auch die genaue Kenntnis der Stadien seiner Haarentwicklung und eine kontinuierliche, zeitgerechte Zupfarbeit voraus.

Training

Ebenso wichtig wie ein unauffällig-perfektes Trimming ist ein sorgfältiges Training des Hundes für den Ausstellungsring.

Zwar gibt es auch bei Norfolk und Norwich Terriern durchaus Hunde, zu deren natürlicher Ausstattung es gehört, nach der Devise aufzutreten: „Hier bin ich – und hier ist vorn!". Doch selbst solche Hunde, denen unschwer anzusehen ist, daß es sich um „geborene Zeiger" handelt, müssen ein gründliches Ringtraining durchlaufen haben, um sich in großen Wettbewerben an der Spitze behaupten zu können.

Ein solches Training muß bereits im Welpenalter beginnen. Schon im zarten Alter von sechs Wochen sollte der für eine Ausstellungskarriere vorgesehene Welpe regelmäßig mit erhobenem Kopf und korrekter Rutenhaltung „aufgebaut" werden – unabhängig davon, ob man später als Vorführer (Handler) eines Norfolk oder Norwich Terriers diesen „frei" handelt, was vorzuziehen wäre, oder, wie insbesondere in den USA üblich, je nach Situation auch „aufbaut". Dieses Training kann auf einer rutschfesten Unterlage oder, besser noch, auf den Knien des Trainers geschehen, weil der unmittelbare körperliche Kontakt das Vertrauen des Welpen zur Bezugsperson fördert; und dies drückt sich regelmäßig in größerer Lernfreude und Lockerheit, zumindest aber in unverkrampftem Verhalten aus. Außerdem muß der Welpe im Hause schon früh an alle Umweltgeräusche gewöhnt werden, damit er später im Ring die ungewohnte Geräuschkulisse gelassen erträgt. Schließlich ist er mit der Leine vertraut zu machen, wobei eine leichte Vorführleine gute Dienste leistet. Manche Welpen traben an dieser Leine gleich munter los, andere bocken und toben und müssen sich erst einige Zeit an lockerer Leine bewegen können. Geduld und Konsequenz sind dann gefordert, um das angestrebte Erziehungsziel zu erreichen – aber auch sehr viel Fingerspitzengefühl, denn einerseits muß der Welpe erkennen können, daß das obere Ende der Leine bestimmt, wo es lang geht, andererseits darf er nicht überfordert werden. Regelmäßige kürzere Übungen sind daher angezeigt. Dank der Gelehrigkeit und der Neigung beider Rassen, ihren vertrauten Vorführern gefallen zu wollen (will to please), werden jedoch sehr bald beachtliche Erfolge sichtbar. Ist dieser Ausbildungsabschnitt erfolgreich abgeschlossen, so steht dem Kennenlernen der außerhäuslichen Umwelt nichts mehr im Wege. An der Leine lernt unser Youngster nun, bei Verkehrslärm und durch dichte Menschenansammlungen sich voller Vertrauen in seinen Begleiter auf der Straße zu bewegen. Außerordentlich erleichtert wird die Übung, wenn anfangs ein erfahrener älterer Hund an der Seite des Youngsters mitmacht.

Sehr wichtig ist es, mit dem jungen Norfolk oder Norwich fortwährend in Sprachkontakt zu bleiben, ihn zu loben, zu ermuntern und ihm das Gefühl zu geben, stets sicher und beschützt zu sein. Gleichzeitig sollte man beobachten, bei welchem Tempo und in welchen Situationen er dazu neigt, sich selbst in bester Haltung zu präsentieren, insbesondere in Gegenwart anderer Hunde, und bei welcher Gelegenheit es ratsam ist, durch einen kurzen, scharfen Ruck an der Leine anzuzeigen, wer darüber entscheidet, was zu tun ist.

Ein gut trainierter Norfolk oder Norwich Terrier, der selbstbewußt auftritt und gute Ringmanieren zeigt, erleichtert dem Handler (Vorführer) die Arbeit und trägt selbst Entscheidendes zum Gelingen seines Auftritts bei.

Handling

Zum perfekten – unauffälligen – Trimming und sorgfältigen Training muß noch gekonntes Handling kommen, um Norfolk oder Norwich Terrier bestmöglich vorzuführen – was im Idealfall heißt, den ausgestellten Hund so vorzuführen, daß er sich selbst bestmöglich präsentiert. Handling ist also das Vorführen des Hundes im Ring. Professionelle Handler gehören in England und den USA inzwischen auch bei Norfolk und vor allem bei Norwich Terriern zum Ausstellungsalltag.

Es ist in der Tat eine Kunst, einen Norfolk oder Norwich Terrier

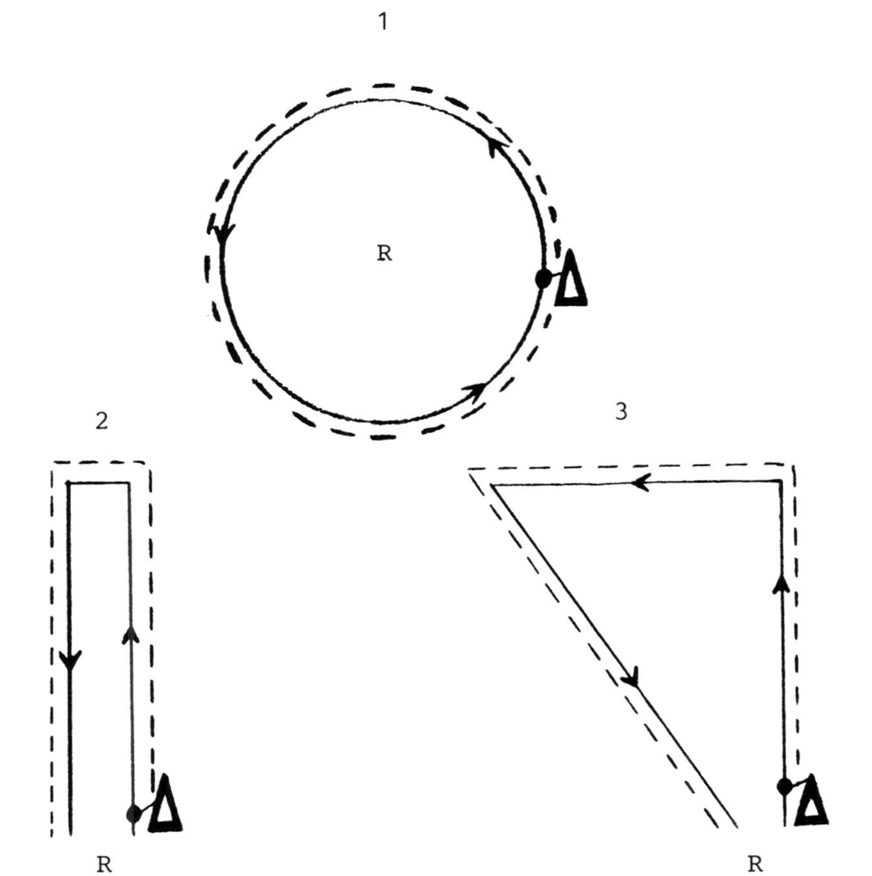

R: Richter   Δ : Vorführer (Handler)   ● : Hund   ↑ : Laufrichtung

Zur Beurteilung des Gangwerks wird der Hund, linker Hand geführt, dem Richter je nach Anforderung im Kreis (1), in der Geraden (2) oder im Dreieck (3) vorgeführt.

- ständig in bester Kondition zu halten,
- ihn auf dem Richtertisch und im Stand so zu präsentieren, daß seine Vorzüge bestmöglich zur Geltung kommen,
- ihn in der Bewegung optimal zu „bringen“, das heißt, ihn in exakt dem Tempo vorzuführen, in dem er ein freies, möglichst raumgreifendes, kraftvolles Gangwerk in möglichst paralleler Bewegung zeigt.
- ihn fortwährend so zu motivieren, daß er ständig mit Begeisterung bei der Sache ist und so auch durch seine Ausstrahlung, seine „Persönlichkeit“, für sich einnimmt.

All dies setzt absolute Vertrautheit mit dem vorzuführenden Hund voraus. Nicht umsonst hat ein führender englischer Handler erklärt: „Wir müssen lernen, die Persönlichkeit unseres Hundes zu erkennen und zu respektieren, dann wird er, wenn er die nötige Klasse hat, vielleicht auch für uns siegen.“

Wer, ohne eine Ausbildung zum Handler genossen zu haben, seinen Norfolk oder Norwich Terrier im Ausstellungsring vorführt, und das ist in Deutschland die bei weitem überwiegende Zahl der Aussteller, sollte zumindest eines sicherstellen: daß ihn sein Hund auch in der Rolle des Vorführers respektiert. Praktisch bedeutet das: Derjenige, der den Hund trimmt und trainiert, sollte ihn auch handeln – und nicht etwa derjenige, der sich im häuslichen Kreis vornehmlich auf das Verteilen von Streicheleinheiten beschränkt.

Von demjenigen, der ihn getrimmt und trainiert hat, wird ein Norfolk oder Norwich Terrier im Zweifel ohne besondere Probleme akzeptieren, im Ausstellungsring vorgeführt zu werden – beim Zuständigen für die ausschließlich angenehmen Seiten des Hundedaseins akzeptiert er das mit hoher Wahrscheinlichkeit nicht. Perfektes Handling erfordert eine lange Zeit intensiven Lernens.

Wer diesen Lernprozeß auf sich nimmt, hat dann vielleicht auch das Vergnügen, mit seinem Norfolk oder Norwich Terrier als Rassebester (BOB: Best of Breed) noch bester Niederläufer und schließlich bester Hund der Ausstellung (BIS: Best in Show) zu werden.

Züchten – ja oder nein?

Die Zucht von Norfolk und Norwich Terriern erfordert, wie jedes Züchten von Rassehunden, neben viel Zeit und Platz

- ein hohes Maß an Verantwortung für Tiere und Rasse,
- die Beachtung der Zuchtbestimmungen des zuständigen Rassezuchtvereins (KfT),
- solide Kenntnisse der Vererbungslehre und der zuchtrelevanten Bereiche von Tiermedizin und Verhaltensforschung sowie
- die Fähigkeit, diese Kenntnisse auch praktisch umsetzen zu können.

Zuchtverantwortung

Wer aus Verantwortung für die Gesundheit seines Norfolk oder Norwich Terriers glaubt, mit ihm auch einmal züchten zu müssen, kann darauf getrost verzichten: Es ist weder für die Gesundheit noch für die Wesensentwicklung von Rüden oder Hündinnen

notwendig oder sinnvoll, sie einmal decken beziehungsweise werfen zu lassen – die meisten dürften bei diesem ersten Mal nämlich erst richtig auf den Geschmack kommen. Wer aus anderen Erwägungen züchten und damit die Zahl der Norfolk oder Norwich Terrier vergrößern will, sollte sich jedoch der tatsächlichen Verantwortung bewußt sein, die er mit dieser Entscheidung übernimmt:

- der Verantwortung für die Zuchthündin, die durch Trächtigkeit, Geburt und Aufzucht der Welpen zumindest keinen Schaden nehmen darf,
- der Verantwortung für die Welpen, die artgerecht aufgezogen und für die gute Hände, möglichst „doggie people" (echte Hundeleute) gefunden werden müssen, und
- der Verantwortung für die jeweilige Rasse, denn nur wer sich bemüht, aus wirklich guten Zuchthunden eine neue Terrier-Generation zu züchten, die mindestens die Qualität der Elterngeneration, möglichst aber eine höhere aufweist, und damit zu einer stetigen Verbesserung der Rasse insgesamt beiträgt, kann beanspruchen, als Züchter und nicht nur als Vermehrer zu gelten.

Zwar sind von sich selbst so genannte Züchter, die sich nach erfolglosem Bemühen um andere Rassen nun den noch als vergleichsweise exklusiv geltenden Norfolk und Norwich Terriern zuwenden, um sich hier – ohne Rücksicht auf gesundheitliche Verluste – mit bloßer Vermehrung zu begnügen oder gelegentlich sogar vom verantwortlichen Rassezuchtverein zu verlangen, die Zuchtanforderungen auf ein niedrigeres Niveau zu senken, noch erfreulich selten. Doch gerade weil bei Rassen mit relativ niedriger Population im Zweifel bereits ein einflußreiches schwarzes Schaf genügt, um in der jeweiligen Rasse, insbesondere was Gesundheit und Wesen anbetrifft, erheblichen Schaden zu stiften, sei mit aller Deutlichkeit gesagt: Wer nicht bereit ist, im Sinne der Rassestandards schöne, wesensfeste und gesunde Norfolk und Norwich Terrier zu züchten, sollte anstelle der Hundezucht tunlichst ein anderes Hobby wählen.

Die Zuchtbestimmungen des KfT für Norfolk und Norwich Terrier

Nur solche Norfolk und Norwich Terrier, deren Reinrassigkeit durch eine anerkannte Ahnentafel nachgewiesen ist, gelten als Rassehunde. Vom KfT werden nur Norfolk und Norwich Terrier mit anerkannter Ahnentafel zur Zucht zugelassen.

Darüber hinaus hat der KfT zur Förderung eines hohen Zuchtniveaus, zum Schutze der Zuchthündinnen im Sinne des Tierschutzgesetzes und zur

Sicherung der artgerechten Haltung der Hunde Zuchtbestimmungen erlassen, die für Norfolk und Norwich Terrier folgendes vorschreiben:

Vor der Zuchtverwendung müssen Rüde und Hündin auf einer vom KfT geschützten Zuchtschau mindestens die Formwertnote „sehr gut" erhalten oder eine Zuchtzulassungsprüfung/Körung bestanden haben. Ab 1996 kann die Zuchtzulassung nur noch durch das Bestehen einer Zuchtzulassungsprüfung erlangt werden.

Hündinnen dürfen vom vollendeten 15. Lebensmonat an bis zum vollendeten 8. Lebensjahr, Rüden vom vollendeten 9. Lebensmonat an ohne obere Altersbegrenzung zur Zucht verwendet werden.

Hat eine Hündin mehr als vier Welpen geworfen und aufgezogen, so unterliegt sie einer Zuchtpause von zwölf Monaten (gerechnet von Decktag zu Decktag); bei nicht mehr als vier Welpen darf sie bei der nächsten Hitze wieder belegt werden, um danach, unabhängig von der Größe dieses Wurfes, ein Jahr Zuchtpause zu erhalten.

Demnach darf eine Norfolk- oder Norwich-Hündin keinesfalls mehr als drei Würfe in zwei Jahren haben. Über den Deckakt muß der Eigentümer des Deckrüden eine KfT-Deckbescheinigung ausstellen.

Die Welpen dürfen frühestens mit acht Wochen abgegeben werden. Zuvor muß ein KfT-Zuchtwart den Wurf zweimal besichtigt und abgenommen sowie die Welpen mit ihrer Zuchtbuchnummer tätowiert haben. Bei der zweiten Wurfabnahme ist der Zuchtwart verpflichtet, einen Wurfmeldeschein mit einem detaillierten Bericht auszufertigen, aufgrund dessen nach Bearbeitung durch den Klubzuchtwart vom Zuchtbuchamt des KfT die Ahnentafeln ausgestellt werden. Die Ahnentafel gehört zum Hund. Neben den normalen Ahnentafeln des KfT gibt es noch

- Auslese-Ahnentafeln, wenn beide Eltern und ein Großelternteil mindestens fünfmal mit der Formwertnote „vorzüglich" beurteilt wurden, und
- Champion-Nachzucht-Ahnentafeln, wenn beide Eltern und ein Großelternteil jeweils den Titel „Deutscher Champion (KfT)" führen und
- Körzuchtahnentafeln, wenn beide Eltern angekört sind.

Ein Durchschlag des Wurfmeldescheins und des Zuchtwartberichtes, ohne die keine Ahnentafel ausgestellt werden kann, muß beim Züchter verbleiben.

Da dieser Schein auch Angaben über die Aufzucht (zum Beispiel regelmäßiges Entwurmen), Impfungen (Staupe-, Hepatitis-, Leptospirose- und Parvovirusvaccinen) und eventuelle zum Zeitpunkt der zweiten Wurfabnahme feststellbare Fehler der Welpen enthalten sollten, tut ein Welpenkäufer letztlich gut daran, Einsicht in

eigentliche Stärke eines Zwingers in seinen Hündinnen besteht. Oder anders – und etwas vereinfachend – ausgedrückt: Die Stärke einer Rasse liegt in ihren Rüden, die Stärke eines Zwingers in seinen Hündinnen.

Schließlich wäre es empfehlenswert, wenn sich ein angehender Züchter neben den speziellen Zuchtbestimmungen des KfT noch mit den Vorschriften der Zuchtordnung des VDH und mit dem „Zuchtrecht von Bern“, dem internationalen Zuchtreglement der F.C.I. von 1979, vertraut machte.

Das züchterische Grundwissen

diese Dokumente der Zuchtkontrolle zu nehmen.

Die Zuchtbestimmungen des KfT sind sicherlich geeignet, die Zucht von Norfolk und Norwich Terriern zu fördern, ohne zu weit in die Eigenverantwortung der Züchter einzugreifen. Was die Zuchtzulassung für Rüden anbetrifft, wären zusätzliche Verschärfungen allerdings vertretbar; diese Feststellung ist im übrigen durchaus mit der Erkenntnis vereinbar, daß die

Wer nicht zu den selten gewordenen Menschen zählt, die über gediegene Kenntnisse und praktische Erfahrungen in der Hundezucht verfügen, sollte es als seine selbstverständliche Pflicht ansehen, sich zunächst einmal auf dem Gebiet der Hundezucht gründlich sachkundig zu machen, ehe er Zuchtverantwortung für diese Art von Lebewesen übernimmt.

Unabdingbare Voraussetzung dafür,

daß die Zucht von Rassehunden nicht zum Glücksspiel und für die betroffenen Tiere unter Umständen sogar zum lebensgefährlichen Experiment wird, ist nun einmal, daß ein Züchter über solide Grundkenntnisse der Vererbungslehre im allgemeinen und der Vererbungsprobleme bei Hunden im besonderen verfügt, die zuchtrelevanten Bereiche der Tiermedizin hinreichend beherrscht und mit den Eigentümlichkeiten der Verhaltensentwicklung von Hunden, insbesondere ihren Entwicklungsphasen, vertraut ist.

Diese Kenntnisse kann man sich nicht durch die Lektüre weniger Zeilen, sondern nur durch gründliches Erarbeiten der einschlägigen Fachliteratur erwerben. Hans Räbers „Brevier neuzeitlicher Hundezucht" leistet hier vorzügliche Dienste; auch „Die Vererbung des Hundes" von Burns/Fraser sollte Pflichtlektüre sein, wobei anzumerken ist, daß durch zahlreiche neuere Arbeiten über einzelne Körper- und Wesensmerkmale des Hundes und ihre Erbgrundlagen für den engagierten Züchter, der bereit ist, immer wieder dazuzulernen, inzwischen weitere Hilfen verfügbar sind.

Als Pflichtlektüre einzustufen ist ebenfalls Eberhard Trumlers „Hund ernst genommen. Zum Wesen und Verständnis ihres Verhaltens" – ein Buch, mit dem dieser in manchem sicherlich alles andere als unumstrittene Kynologe durch seine Darstellung der Verhaltensentwicklung des Hundes im Welpen- und Junghundalter Bahnbrechendes geleistet hat.

Praktische Erfahrungen lassen sich in Deutschland nur dadurch sammeln, daß man Gelegenheit erhält, bei einem erfahrenen Züchter unter Umständen helfenderweise zu lernen, denn Möglichkeiten einer praktischen Ausbildung, wie sie in England bestehen, gibt es bei uns im Bereich der Hundezucht leider noch nicht.

Ergänzend zu den grundlegenden Ausführungen der empfohlenen Fachliteratur dürften für die Zucht von Norfolk und Norwich Terriern indessen noch einige rassespezifische Informationen hilfreich sein:

- In der Bundesrepublik Deutschland stehen inzwischen einige vorzügliche, auch international hochprämierte Deckrüden, die ihre Vererberqualitäten als Väter zahlreicher Champions und Sieger eindrucksvoll nachgewiesen haben. Wer seine Zuchthündin von solchen Rüden decken lassen möchte, sollte dies mit dem Halter des Rüden nach einem eingehenden Beratungsgespräch über die geplante Verbindung rechtzeitig, das heißt möglichst zu Beginn der Hitze, vereinbaren, denn angesichts der jahreszeitlich gehäuft auftretenden Läufigkeiten kann es sonst auch bei nicht übermäßig häufigen Rassen hinsichtlich des

Einsatzes von Spitzendeckrüden zu Engpässen kommen.

- Norfolk und Norwich Terrier sind glücklicherweise noch sehr ursprüngliche Hunde. Hinsichtlich des Sexualzyklus', der Trächtigkeit und des Werfens gibt es daher in der Regel keine besonderen Probleme. Dennoch sollte einigen Fakten besondere Beachtung geschenkt werden:
- Bei manchen Norfolk- und Norwich-Hündinnen verdickt sich die Scheide zu Beginn der Läufigkeit nur unwesentlich, und auch das „Färben“ ist nur schwer feststellbar; hier sollte ein vom Tierarzt vorgenommener Scheidenabstrich oder Progesteron-Test Klarheit über den idealen Decktag bringen.
- Gelegentlich kommt es bei offenbar trächtigen Norfolk- und Norwich-Hündinnen zur Fruchtresorption. In diesem Fall hat die Hündin aufgenommen, und die Föten entwickeln sich zunächst normal. Jedoch kommt es dann in der Regel vom 35. Tag an zu einem Totalausfall des Hormons Progesteron – mit der Folge, daß die Föten sich nicht normal weiterentwickeln, sondern in der Gebärmutter resorbiert und ausgeschieden werden.
- Selbst junge Norfolk- oder Norwich-Hündinnen machen beim Werfen nicht selten stundenlange Pausen zwischen den einzelnen Welpen, ohne daß dadurch jedoch Geburtskomplikationen aufträten.
- Da geburtsreife Norfolk- und Norwich-Welpen am Wurftage gelegentlich schon so kräftig sind, daß sie den Geburtskanal nicht mehr passieren können (Geburtsgewichte zwischen 130 und 180 Gramm sind normal, solche über 200 Gramm durchaus nicht selten!), sollte in jedem Falle ein Tierarzt vom mutmaßlichen Wurftermin informiert sein und spätestens am 65. Tag, gerechnet vom ersten Decktag, auch konsultiert werden, sofern bis dahin die Temperaturkurve normal verlaufen ist. Es ist jedem Züchter dringend anzuraten, sich rechtzeitig nach einem Tierarzt zu erkundigen, der bei Kaiserschnitten in der Lage ist, die Narkose so zu dosieren, daß die Hündin bereits kurz nach vollendeter Operation ihre Welpen versorgen kann. Im übrigen ist darauf hinzuweisen, daß die Geburtsgewichte der Welpen unabhängig sind von der Größe der Elterntiere und keine Schlüsse auf die zu erwartende Körpergröße des Hundes zulassen.
- Die durchschnittliche Wurfstärke von Norfolk und Norwich Terriern liegt bei drei Welpen (Norfolk 3,0/Norwich 3,2). Am häufigsten fallen Würfe mit drei, zwei und vier Welpen. Während auch Würfe mit einem oder zwei Welpen nicht gerade selten sind, bilden 5er- oder

6er-Würfe die großen Ausnahmen.
- Die speziellen Wesensmerkmale von Norfolk und Norwich Terriern erfordern es, daß sich ein verantwortungsbewußter Züchter während der Prägungsphase (vierte bis siebte Woche) besonders intensiv, liebevoll und sachkundig um die Welpen kümmert. Unterbleibt dies, so besteht die Gefahr, daß ein durch diese Unterlassungssünde fehlerhaft geprägter Norfolk oder Norwich Terrier vieles von dem, was üblicherweise seinen Charme im Umgang mit Menschen ausmacht, später nicht entfalten kann, denn Fehler in der Prägungsphase sind in der Regel nicht mehr vollständig reparabel.

Probleme der praktischen Umsetzung

Nun macht leider selbst die perfekteste Beherrschung der notwendigen Theorie noch lange keinen Züchter, der nachhaltig zur Verbesserung der von ihm gezüchteten Rassen beiträgt. Wer dieses Ziel erreichen will, muß auch in der Lage sein, seine Kenntnisse praktisch umzusetzen. Fundamentale Voraussetzung dafür ist ein untrüglicher - und das heißt vor allem: von Selbstbetrug freier – Blick für „den Hund“, für das typische, dem Standard möglichst vollkommen entsprechende Rassetier. Wer diesen „Blick für Hunde“ hat, kann ihn durch stetige, intensive Arbeit noch schärfen und vervollkommnen, wer ihn nicht hat, wird bald erkennen müssen, daß mit Fleiß und gutem Willen allein, von gelegentlichen Glücksfällen abgesehen, zumindest auf Dauer bestimmte Grenzen unüberwindbar bleiben.

Darüber hinaus braucht selbst der talentierteste Züchter neben der Geduld, beim Zuchtaufbau auf Spitzentiere bestimmter Abstammung notfalls sehr lange warten zu können, auch etwas Glück.

Zur praktischen Umsetzung gehört auch, daß man bei auftretenden Fehlentwicklungen die notwendigen Kurskorrekturen vorzunehmen bereit und fähig ist. Im Hinblick auf den Rassestandard muß ein Züchter der schärfste Kritiker der eigenen Hunde sein und bleiben, wenn er nicht schmerzliche Qualitätseinbrüche erleben will. Für die Zucht darf einfach nur das Beste gut genug sein.

Schließlich tut jeder erfolgreiche Züchter gut daran, engagierte Anfänger und diejenigen unter den wenigen Erfolgreichen, die immerhin guten Willens sind, ihre Rasse zu fördern, mit Rat und Tat zu unterstützen. Dieses Verhalten hebt nicht nur das Zuchtniveau und kommt damit dem Förderer möglicherweise selbst wieder zugute – es ist auch ein Akt sportkameradschaftlichen Verhaltens, dessen positive Rück- und Folgewirkungen es einem Spitzenzüchter erleichtern, den Neid und die Anfeindungen derer, die es, wie Räber anmerkt, aus eigenem Unvermögen zu nichts gebracht haben, mit einiger Gelassenheit zu ertragen und nicht etwa der Hundezucht angewidert den Rücken zu kehren.

Ernährung

Die wildlebenden Ahnen unseres Hundes waren Jäger. Sie verzehrten ihre Beute mit Haut und Haar. Bevorzugte Leckerbissen waren die Innereien. Magen und Darm ihrer Beutetiere enthielten auch vorverdaute Pflanzen und wichtige Vitamine. Wölfe und Wildhunde fraßen also nicht nur Fleisch.

Genauer wäre die Bezeichnung „Tierfresser". Aus Untersuchungen des Mageninhaltes wissen wir, daß darüber hinaus praktisch alles auf dem Speisezettel stand, was die Natur bot: Früchte, Samen und Gräser, Frösche und Schlangen, selbst Insekten wurden verzehrt. Nur so konnten der Hunger gestillt und genügend Vitamine und Mineralstoffe aufgenommen werden.

Angemessene artgemäße Nahrung hat der Hundehalter seinem Hund nach dem Tierschutzgesetz anzubieten. Unkenntnis und falsch verstandene Tierliebe können leicht zu Tierquälerei führen: Der Hund ist kein Resteverwerter. Mit Süßigkeiten ist ihm nicht gedient. Falsche Ernährung kann Fettsucht, innere Erkrankungen oder Hautkrankheiten verursachen. „Angemessen" ist nur eine gesund erhaltende Nahrung. Die Freßgewohnheiten der Wildtiere zeigen, wie das Futter zusammengesetzt sein muß.

Fleisch ist die Ernährungsgrundlage. Es enthält neben Salzen, Geschmacksstoffen und Vitaminen vor allem tierisches Eiweiß. Reines Muskelfleisch oder Herz können ebenso wie ausschließlich minderwertige sehnige, häutige oder knorpelige Teile zu Verdauungsstörungen führen. „Artgemäß" ist eine aus leichter und schwerer verdaulichen Bestandteilen gemischte Fleischgrundlage. Dazu gehört auch tierisches Fett. Es dient als Energiequelle.

Pflanzen enthalten neben pflanzlichem Eiweiß, Vitaminen und Mineralstoffen vor allem Stärke und Zucker. Diese Kohlehydrate liefern ebenfalls Energie. Sie muß aber bei den meisten Nährmitteln durch Erhitzung „aufgeschlossen", das heißt, verdaulich gemacht werden. Für Sättigung, Darmfüllung und geregelte Verdauung sorgen unverdauliche Rohfasern, die vor allem in Rohkost, aber auch in Hundeflocken, weniger jedoch in gekochtem Reis enthalten sind. Ungesättigte Fettsäuren aus Pflanzenölen sind vor allem für gesunde Haut und glänzendes Fell wichtig.

Für den gesunden Hund ist eine Ergänzung der Fleischgrundlage durch aufgeschlossene rohfaserhaltige Pflanzenkost das Richtige.

Eine vielseitig zusammengesetzte Nahrung enthält auch Vitamine. Mineralstoffe und Spurenelemente sind nicht nur für den Knochenbau, sondern auch für viele andere Stoffwechselprozesse unerläßlich.

Eine Wissenschaft für sich?

Erhaltungs- und Leistungsbedarf, Nährwerttabellen, Kalorien und Joule – das ist schon eine Wissenschaft für sich –, beflügelt durch die Futtermittelindustrie. Bei allem Respekt wundert sich der Praktiker, daß trotz Unkenntnis und Fehlern früherer Zeiten die Spezies Haushund nicht längst ausgestorben ist. Zum besseren Verständnis genügen folgende Überlegungen: Der Körper des erwachsenen Hundes befindet sich in einem dauernden Umbau. Zur Erhaltung der Körpersubstanz sind daher Eiweißbausteine erforderlich, für die damit verbundenen Stoffwechselvorgänge Energielieferanten, Vitamine und Mineralstoffe. Das Futter soll in der Trockenmasse etwa ein Drittel Eiweiß, mindestens fünf Prozent Fett und höchstens die Hälfte Kohlehydrate enthalten.

Welpen und Junghunde brauchen für ihr Wachstum mehr Nahrung als gleichschwere erwachsene Hunde, bis zum sechsten Monat etwa doppelt soviel und dann immer noch fünfzig Prozent mehr. Ihr Futter soll zu zwei Dritteln, später mindestens zur Hälfte aus Fleisch und anderen Eiweißstoffen bestehen.

Diese Richtwerte gelten nur bei normaler Belastung. Besondere Leistungen erfordern eine Zulage. Bei Dauerarbeit kann bis zu viermal mehr Energie als bei Ruhe verbraucht werden.

Die wichtigsten Grundregeln

Die Futterration kann nicht mit der Briefwaage abgemessen werden. Neben Alter und Leistung ist die individuelle Veranlagung des Hundes ausschlaggebend. Es gibt gute und schlechte Futterverwerter. Ein normal veranlagter, durchschnittlich beanspruchter erwachsener Norfolk- oder Norwich-Terrier braucht täglich etwa 200 bis 300 g Fleisch mit 50 bis 75 g Flocken. Den gleichen Nährwert haben etwa 500 g Dosen-Vollnahrung oder 150 g Trockenfutter nach Angabe. Bei einem gesunden, gut ernährten Hund sollen die Rippen optisch nicht hervortreten, mit der flachen Hand aber noch fühlbar sein. So kann man „erfühlen", ob etwas Futter zugelegt oder abgezogen werden muß.

Junghunde können die tägliche Futtermenge unmöglich auf einmal aufnehmen. Eine Magenüberladung wäre die Folge. Knochen, Bänder und

Gelenke würden zu stark belastet und bleibende Schäden davontragen. Immerhin braucht ein halberwachsener Norfolk- oder Norwich-Terrier bereits genausoviel Futter wie sein ausgewachsener Artgenosse. Die Ernährung der Welpen erfolgt zunächst genauso, wie der Züchter es gehandhabt und dem Käufer empfohlen hat. Umstellungsbedingte Verdauungsstörungen werden so vermieden. Dem Welpen wird die Eingewöhnung erleichtert.

Bis zum Abschluß des Zahnwechsels mit etwa sechs Monaten erhält der Junghund täglich drei, später bis zum Abschluß des Wachstums mit etwa eineinhalb Jahren zwei Mahlzeiten täglich. Der Junghund darf zunächst noch etwas „Babyspeck" haben. Er hilft, Krankheiten besser zu überstehen. Mangelernährung in der Jugend ist kaum wiedergutzumachen.

Fresser werden nicht geboren, sondern erzogen: Der erwachsene Hund erhält täglich eine Mahlzeit, je nach Veranlagung. Was in einer Viertelstunde nicht aufgefressen ist, gehört in den Mülleimer. Wichtig sind je nach Typ regelmäßige feste Futterzeiten, gleich ob diese morgens, mittags oder abends eingehalten werden. Stets soll jedoch der Hund nach dem Fressen ruhen, so wie es auch Wildtiere nach ergiebigem Mahl zu tun pflegen.

Bei „Sport und Spiel" besteht die Gefahr, daß sich ein gefüllter Magen verdreht – eine lebensgefährliche Situation.

Das Futter soll vielseitig sein, damit es alle benötigten Nährstoffe enthält. Der Hund braucht gelegentlich eine Geschmacksabwechslung. Die Gefahr einer Fehlernährung sinkt bei abwechslungsreicherem Futter.

Fertigfutter – sicher, bequem und preiswert

Die Vorurteile gegen Fertigfutter sind überholt. Es entspricht in Eiweißanteil und sonstigen Inhaltsstoffen den wissenschaftlichen Erkenntnissen.

Durch moderne Konservierungsverfahren werden Vitamine weniger geschädigt als durch haushaltsübliches Kochen. Krankheitserreger im Fleisch werden bei der Herstellung abgetötet.

Ein weiterer Vorteil ist die praktische Vorratshaltung. Auf Reisen ist Fertigfutter die einfachste Futterlösung. Es ist kaum teurer als selbstzubereitetes Futter.

Gegen Fertigfutter gibt es eigentlich nur einen Einwand: Der Hund braucht wesentlich mehr Wasser und produziert mehr Kot bei der Verfütterung von Trockenfutter.

Dosenfutter enthält reichlich Eiweiß. Das Etikett muß genau gelesen werden: „Vollnahrung" enthält bereits pflanzliche Futtermittel und ist futter-

fertig. Zu „Fleischnahrung“ müssen noch Flocken, Reis oder Gemüse zugemischt werden. Als vermeintlicher Nachteil werden vielfach die großen Kotmengen nach Verfütterung von Dosenfutter empfunden. Sie sind Folge des Rohfaseranteils und der damit verbundenen guten Darmfüllung. Geschwächte, kranke Hunde reagieren bei plötzlicher Umstellung auf Dosenfutter gelegentlich mit Durchfall.

Fertigfuttermischungen aus Trockenfleisch und Nährmitteln werden mit warmem Wasser oder Brühe nach Gebrauchsanweisung dickbreiig angerührt – eine unproblematische Futterzubereitung.

Trockenfutter in Keks- oder Ringform und Hundekuchen enthalten fünfmal weniger Wasser als normal feuchtes Futter. In einem Extranapf muß daher unbedingt Wasser angeboten werden. 200 g Trockenfutter haben etwa den gleichen Nährwert wie eine 850-g-Dose Vollnahrung oder 400 g Fleisch und 125 g Flocken. Zusätzliche „Lekkerlis“ sind Dickmacher!

Fertigfutter ist meist nach dem Bedarf erwachsener Hunde zusammengestellt. Trockenfutter hat meist einen niedrigeren Eiweißgehalt als Dosenfutter.

Junghunde erhalten daher als Eiweißzulage zusätzlich Fleisch oder Milcherzeugnisse oder aber gleich ein spezielles Welpen- oder Junior-Fertigfutter.

Eigener Herd...

Schwieriger ist es, seinen Hund mit selbst zubereitetem Futter zu ernähren. Man muß dazu einiges über Wert und Eigenschaften der Futtermittel wissen.

Fleisch ist die Futtergrundlage; Rinderpansen und Blättermagen, Herz, Fleischabschnitte, Maulfleisch, Leberabschnitte, Schlund, Nieren sind ein fast vollwertiger Ersatz für das teurere Muskelfleisch. Euter und Lunge und „Schweineringel“ sind nur bedingt und in kleinen Mengen geeignet. Besonders wertvoll ist „grüner“ Pansen: Der rohe, ungereinigte Rindermagen enthält bereits vorverdaute Pflanzenteile und Vitamine, die aus dem Pflanzenfutter stammen oder im Pansen gebildet wurden. Haltbarer und weniger duftend ist der gereinigte und gebrühte „weiße“ Pansen. Rohe Leber und rohe Milz haben eine abführende Wirkung und sollen daher nicht zugegeben werden. Geflügelinnereien sollten stets gekocht werden, weil sie Durchfallerreger (Salmonellen) enthalten können. Die Fleischgrundlage sollte stets aus verschiedenen Bestandteilen bestehen. Bei einseitiger Zusammensetzung, zum Beispiel ausschließlich Pansen, können Eiweißbausteine fehlen, die der Hund braucht. Schweinefleisch muß, wenn schon nicht ganz darauf verzichtet wird, vollständig abgekocht werden.

Andere Eiweißquellen können das Futter vervollständigen. Hunde mit gesunder Leber und Nieren dürfen gelegentlich unverdorbenen Fisch, frei von harten Gräten, fressen. Junghunde bis zum sechsten Monat können täglich eine mit Milch hergestellte Mahlzeit erhalten. Bei älteren Junghunden muß Kuhmilch verdünnt werden. Erwachsene Hunde erhalten - wie in der Natur - keine Milch. Sie können den Milchzucker nicht verdauen. Der Darminhalt wird dadurch zu weich. Hauterkrankungen können die Folge sein. Besser als Kuhmilch sind Welpenmilch-Präparate, die auch von älteren Hunden vertragen werden. Auch rohes Eiklar kann der Hund nicht richtig verdauen. Rohes Eigelb ist dagegen vor allem für junge und kranke Hunde gesund und bekömmlich. Gekochte und gebratene Eier verträgt jeder Hund. Viele Hunde mögen auch Magerquark - eine wertvolle Ergänzung hochwertigen Eiweißes - besonders für Junghunde. Käse ist entgegen alten Vorurteilen nicht schädlich. Käserinden mit Kunststoffbezug, Wurstpellen, Geräuchertes und Gewürztes gehören nicht in den Hundenapf.

Einkaufsmöglichkeiten für Futterfleisch bieten Hundefutterhandlungen und Fleischereien sowie Zoogeschäfte und Supermärkte. Frisches Futterfleisch ist leicht verderblich und sollte auch bei Kühlung nicht länger als zwei Tage aufbewahrt werden. In der Gefriertruhe kann man Fleisch etwa drei Monate aufbewahren, zweckmäßigerweise in dicht schließenden Kunststoffbeuteln portionsweise verpackt.

Die Zubereitung des Futters erfordert nur geringen Aufwand. Da der Hund sein Futter nicht kaut, sondern schlingt, wird das Fleisch in maulgerechte Happen geschnitten, aber nicht wie Hackfleisch zerkleinert. Viele Hundefutterhändler nehmen dem Käufer diese Arbeit ab. Das frische oder aufgetaute Fleisch wird mit heißem Wasser angebrüht. So bleibt es innen roh, wird aber leicht erwärmt. Eiskaltes Futter ist Gift für den Hundemagen.

Als pflanzliche Ergänzung können gekochte Kartoffeln, Graupen oder Reis zugegeben werden. Einfacher geht es mit „Hundeflocken", einem Gemisch getoasteter und daher verdaulicher Getreideerzeugnisse mit ausreichendem Rohfasergehalt. Zwei Maß Flocken werden einem Maß Fleisch mit warmem Wasser zugemischt. Das Futter soll dickbreiig, nie suppig sein. Junghunde erhalten Flokken und Fleisch zu gleichen Raumteilen. Von Fall zu Fall sollen die Flokken ganz oder teilweise durch Gemüse ersetzt werden, das mit einer Gabel zerdrückt wird. Es schadet nichts, wenn Essenreste leicht gesalzen sind. Der Hund braucht Kochsalz für eine einwandfreie Nierentätigkeit. Hülsenfrüchte und Kohl gehören allerdings nicht ins Hundefutter. Sie sind schwer verdaulich und verursachen Blähungen.

Rohkost, insbesondere fein zerkleinerte Möhren und Äpfel, sind eine sättigende und vitaminreiche Futterergänzung. Auch gehackte Petersilie oder Kresse und frische Obst- und Gemüsesäfte können das Vitaminangebot vervollständigen.

Zur Versorgung mit ungesättigten Fettsäuren - wichtig zum Beispiel für Haut und Haar - kann dem Futter einmal wöchentlich ein Teelöffel Pflanzenöl, beispielsweise Sonnenblumen- oder Distelöl zugesetzt werden. Auch eine Scheibe Brot mit Pflanzenmargarine ist eine vorzügliche Ergänzung, insbesondere gut durchgebackenes Roggenbrot. Brot soll aber nie eingeweicht werden.

Für den Junghund ist eine ausreichende Vitamin-D-Versorgung zur Verhütung der Knochenweiche (Rachitis) besonders wichtig. Überdosierungen sind aber schädlich. Anstelle des Lebertrans sollten daher genau dosierbare Vitamin-D-Präparate nach tierärztlicher Verordnung gegeben werden. Bierhefe - Bestandteil vieler Hundeflocken - enthält auch B-Vitamine. Für den jungen Hund ist die Zufütterung von „Futterkalk“ für Wachstum und Knochenbau unerläßlich. Aber auch der erwachsene Hund braucht eine Mineralstoffergänzung, weil selbstzubereitetes Futter nicht alle Stoffe in ausreichender Menge enthält. Speziell für den Bedarf des Hundes zusammengestellte Mittel sind besser und billiger als Kalktabletten für Menschen.

Knochen enthalten Mineralstoffe, sind aber schwer verdaulich und können hartnäckige Verstopfungen verursachen. Ihr Wert liegt vor allem in der Gebißpflege und der „Gymnastik“ für die Kaumuskulatur. In Maßen können daher Hunde mit gesunden Zähnen Rinderknochen erhalten. Hundekuchen oder Kauknochen aus Leder erfüllen allerdings den gleichen Zweck. Ältere Tiere mit Verdauungsproblemen oder Zahnkrankheiten müssen auf Knochen verzichten. Harte Röhrenknochen, vor allem vom Geflügel, können splittern und Darmverletzungen verursachen. Kotelettknochen können in der Speiseröhre steckenbleiben. Sie gehören in den Mülleimer.

Fastentage müssen wildlebende Fleischfresser oft einlegen. Für Hunde mit Übergewicht ist ein Fastentag in der Woche ein probates Mittel zum Abnehmen. An den übrigen Tagen darf er sich einmal täglich sattfressen. Seine fettarme Fleischgrundlage wird allerdings mit nährstoffarmer Lunge gestreckt, und statt der Flocken erhält er Weizenkleie und Rohkost. Einfacher, aber teurer ist ein Diät-Fertigfutter, das über Tierärzte bezogen werden kann.

Wasser, immer frisch und sauber, nie eiskalt, muß dem Hund ständig zur

Verfügung stehen. Ein gesunder Hund trinkt zwar bei normal feuchtem Futter kaum, muß aber doch bei Hitze, nach Anstrengungen oder zu bestimmtem Futter seinen Durst löschen können. Ständig stark vermehrter Durst ohne erkennbaren Grund ist ein Krankheitszeichen.

Patentrezepte

Fragt man zehn Hundeexperten, erhält man sicher wenigstens neun „bewährte, für diese Rasse einzig richtige“ Ernährungsanleitungen, von denen acht völlig richtig sind. Trotz aller Erfahrung und wissenschaftlicher Akribie gibt es gottlob viele Möglichkeiten, seinen Hund artgemäß und ausreichend zu ernähren. Man muß nur die angeführten Ernährungsregeln mit etwas Verständnis beachten – sei es mit Fertigfutter, sei es mit einem eigenen auf Haushalt, Hund und Geldbeutel abgestellten Spezialrezept, sei es auch mit beidem.

Gesundheit

Vorbeugen ist besser als Heilen

Artgerechte Haltung, Pflege und Ernährung sind Voraussetzungen für die Gesundheit. Das seelische Wohlbefinden des Hundes ist so wichtig wie das körperliche. Der gesunde Hund nimmt aufmerksam und lebhaft Anteil an seiner Umgebung. Er ist kräftig und ausdauernd. In der Ruhe atmet er 10- bis 20mal, das Herz schlägt 70- bis 100mal in der Minute. Die Körpertemperatur liegt um 38,5 °C. Gesundheit ist nicht nur „Freisein von Krankheiten", sie schließt auch Widerstandskraft gegen Infektionen ein.

Das Haarkleid schützt nicht nur gegen Wind und Wetter. Das kräftige, harte, glatt anliegende Deckhaar ist auch Zeichen von Gesundheit. Darunter wärmt ein Pelz aus dichter, weicher Unterwolle. Norfolk und Norwich Terrier sollten täglich mit einer Spezialbürste gestriegelt und anschließend mit einem Metallkamm mit abgerundeten Zinken gekämmt werden.

Besonders wichtig ist das Bürsten während des Haarwechsels. Dann geht auch die Unterwolle manchmal in dichten Büscheln aus. Durch Baden können der schützende Säuremantel der Haut zerstört und das Haar entfettet werden. Ein Norfolk oder Norwich Terrier wird deswegen nur ausnahmsweise gebadet, zum Beispiel wenn er sich nach Hundeart in Aas oder Kot gewälzt hat. Dann wird er lauwarm geduscht und mit Hundeshampoo oder mildem Haarwaschmittel, nie jedoch mit Seife oder Spülmittel gewaschen. Nach gründlichem Ausspülen wird das Fell trockengerieben. An einem warmen, zugfreien Ort muß das Fell trocknen, ehe der Hund wieder hinaus darf. Stumpfes Haar, ständiger Haarausfall und starker Geruch deuten auf innere Erkrankungen hin. Die Haut soll frei von Schuppen und Rötungen sein, kein Juckreiz soll den Hund plagen.

Flöhe, Läuse und Haarlinge kann auch der gepflegteste Hund von einer Hundebegegnung mitbringen. Bei Juckreiz werden als erstes die Haut auf Flohstiche – bis zu linsengroße, geschwollene Rötungen – und das Fell auf Parasitenkot – kleine schwarze Pünktchen – abgesucht. Lieblingssitze der ungebetenen Gäste sind die Innenflächen der Hinterbeine, die „Achselhöhlen" und die Ohrmuscheln. Bei leichtem Befall genügt ein Flohpuder oder -spray. Wirksamer sind Waschlösungen, die das Fell bis auf die Haut benetzen, oder verschreibungspflichtige Mittel, die auf die Haut getropft werden und bis zu vier Wochen wirken. Das Ablecken solcher Mittel muß aber unbedingt verhindert werden. „Anti-Floh-Halsbänder" geben bis zu vier Monaten gas- oder puderförmige Wirkstoffe ab. In Hundehütten können bei einigen Halsbändern Giftgaskonzentrationen auftreten, die auch für den Hund bedenklich sind. Manche Halsbänder verlieren zudem durch Nässe an Wirksamkeit. Bei Flohbefall muß immer das Lager des Hundes mitbehandelt werden. Moderne Spezialmittel töten dabei nicht nur „erwachsene" Flöhe, sondern stoppen auch die weitere Entwicklung der Flohlarven. Hundedekken werden am besten ausgekocht, Teppiche regelmäßig gesaugt und Stroh in der Hütte gewechselt.

Zecken breiten sich seit einigen Jahren im gesamten mitteleuropäischen Raum verstärkt aus und bilden eine deutlich zunehmende Gefahr. Sie lassen sich aus dem Gebüsch auf den Hund fallen, beißen sich in der Haut fest und sauge sich mit Blut voll. Sie sehen dann wie prallgefüllte, graubraune, bis zu kirschkerngroße Säckchen aus. Je länger sie saugen, desto größer ist in bestimmten verseuchten Gegenden die Gefahr, daß eine für Hunde gefährliche Infektionskrankheit, die Borreliose, übertragen wird. Deshalb sollten Zecken so rasch wie möglich entfernt werden. Sie dürfen aber nicht einfach ausgerissen werden, weil dabei die Beißwerkzeuge in der Haut steckenbleiben und Entzündungen verursachen können. Am besten erfaßt man die Zecke mit einer Spezialpinzette und hebelt sie drehend aus der Haut heraus. Man kann sie aber auch mit Alkohol, „Desinsekt-Spray" oder in Öl eingehüllt betäuben und dann herausdrehen, sofern sie nicht innerhalb einer halben Stunde abgefallen ist. Inzwischen gibt es, allerdings nur beim Tierarzt, ein Anti-Zecken- und -Flohhalsband, das den Befall mit Zecken weitgehend und das Blutsaugen sicher verhindert.

Die Ohren sollten alle vier Wochen kontrolliert werden. Mit Wattestäbchen kann man das Trommelfell zwar kaum verletzen, das Ohrenschmalz aber in der Tiefe zusammenstopfen. Besser ist ein alkoholischer Ohrreiniger, der randvoll ins Ohr eingegossen und bei zugedrückter Ohrmuschel durchmassiert wird. Das gelöste Ohrschmalz kann der Hund dann selbst ausschütteln, vorzugsweise im Freien. Dunkle, übelriechende Beläge im Ohr zeigen eine Entzündung an. Meist wird sich der Hund dann auch am Ohr oder – scheinbar – am Halsband kratzen und den Kopf schütteln. Ursache des „Ohrenzwanges" können Ohrenmilben, Grasgrannen oder andere Fremdkörper sowie Bakterien und Pilze sein. Wenn zwei- bis dreimalige gründliche Reinigung mit dem Ohrreiniger keine Besserung bringt, ist eine gezielte Behandlung durch den Tierarzt erforderlich.

Die Augen werden mit einem Stückchen Mullbinde oder einem Taschentuch vom „Schlaf" gereinigt. Fusseln von Watte oder Papiertaschentüchern reizen die Schleimhäute. Bindehautentzündungen können auch durch Zugluft, Staub oder starke Sonne verursacht werden. Besonders anfällig sind Hunde, deren Augenlider dem Augapfel nicht eng anliegen. Zur Linderung werden Augentropfen in den heruntergezogenen Bindehautsack geträufelt. Borwasser wird heute nicht mehr verwendet, weil feine Kristalle als Fremdkörper wirken können. Länger andauernder wäßriger, schleimiger oder eitriger Augenausfluß sollte nicht mit Hausmitteln kuriert werden. Es könnte eine Infektion vorliegen. Wucherungen auf der Rückseite der Nickhaut müssen meist operativ behandelt werden.

Die Zähne werden durch Hundekuchen oder Knochen ausreichend gereinigt. Auch die Tortur des Zähneputzens kann Zahnstein nicht verhindern. Zur Entfernung weicher Beläge eignet sich am ehesten ein Wattebausch, getränkt mit dreiprozentiger Wasserstoffsuperoxidlösung. Zahnstein ist ein fest anhaftender brauner Belag aus verhärteten Salzen. Fauliger Mundgeruch durch Zahnfleischentzündungen und -vereiterungen sowie Zahnausfall sind die Folgen. Zahnstein sollte frühzeitig fachkundig entfernt werden. Lose Zähne müssen gezogen werden. Da der Hund keine Beute jagen, festhalten oder zerreißen muß, kann er auf schmerzende Zähne gut verzichten. Nach Entfernung der Eiterherde wird er sich auch allgemein wohler fühlen, denn sie können den Körper vergiften und zum Beispiel chronische Herzklappenentzündungen auslösen. Auch Milchhakenzähne, die beim Zahnwechsel nicht ausfallen, müssen gezogen werden. Sie können zu Stellungsfehlern im bleibenden Gebiß führen.

Die Analbeutel sollen eigentlich bei jedem Kotabsatz eine individuelle Duftmarke zur Revierkennzeichnung hinterlassen. Sekretstauungen verursachen Juckreiz, den der Hund vergeblich durch Rutschen auf dem After zu beseitigen versucht. Dieses „Schlittenfahren" ist entgegen landläufiger Vermutung fast nie auf Wurmbefall zurückzuführen. Stark gefüllte Analbeutel müssen fachkundig ausgedrückt, vereiterte müssen tierärztlich behandelt werden.

Die Krallen werden bei regelmäßigem Auslauf auf hartem Untergrund ausreichend abgelaufen. Bei krankhaftem Hornwachstum oder Stellungsfehlern müssen sie geschnitten werden. Dabei soll die in der Kralle verlaufende Ader nicht verletzt werden. „Wolfskrallen", Überbleibsel der an sich verkümmerten fünften Zehe an den Hinterläufen, können bei Verletzungen stark bluten. Sie sollten vorsorglich amputiert werden. Das geschieht üblicherweise schon bei neugeborenen Welpen.

Erste Hilfe tut not

Hautverletzungen müssen genau inspiziert werden. Oberflächliche Abschürfungen und Schrunden können mit Hausmitteln behandelt werden. Auf jeden Fall werden im Bereich der Verletzungen die Haare mit einer gebogenen Schere kurz abgeschnitten. Sie verkleben sonst mit dem Wundsekret; Vereiterung ist die Folge. Die Wunde wird mit Wundgel, -spray oder -tinktur behandelt. Fetthaltige Salben behindern den heilungsfördernden Luftzutritt, Puder verkrustet.

Bei tieferen Wunden mit Durchtrennung der Haut sollte umgehend ein Tierarzt zugezogen werden. Bei Beißereien und Stacheldrahtverletzungen wird die Haut oft vom Körper losgerissen, so daß tiefe Taschen entstehen. Haare und Schmutz in der Tiefe der Wunde müssen so weit wie möglich entfernt werden. Von Fall zu Fall ist zu prüfen, ob eine „offene Wundbehandlung" oder eine Naht besser ist. Nur frische Wunden können mit Aussicht auf komplikationslose Heilung genäht werden.

Eine offene, aus der Tiefe nässende oder eiternde Wunde darf der Hund belecken. In allen anderen Fällen wird die Wundheilung behindert, weil die zarten Heilungszellen am Wundrand gestört werden. Das Belecken von Wunden und das Abreißen von Verbänden kann durch einen Halskragen verhindert werden. Aus einem passenden Plastikeimer wird der Boden herausgeschnitten. Die Schnittkanten werden abgepolstert, an vier Stellen durchlöchert und mit Bindfäden versehen, die am Lederhalsband festgebunden werden.

Wundstarrkrampf ist beim Hund selten. Impfungen sind daher nicht üblich. Zur Vorbeuge sollen Wunden ausbluten und nicht luftdicht abgedeckt werden. Wenn größere Adern verletzt sind, kommt es zu andauernden, starken Blutungen. Häufig tritt Blut im Strahl aus. Dann muß zur Ersten Hilfe ein Druckverband angelegt werden. An ungünstigen Körperstellen wie am Kopf kann auch von Hand eine Kompresse aufgedrückt werden. Gliedmaßen können abgebunden werden, die Abbindung muß aber viertelstündlich kurz gelöst werden. In solchen Fällen ist stets umgehend tierärztliche Hilfe erforderlich.

Unfälle können auch zu inneren Verletzungen und Gehirnerschütterungen führen. Bei Bewußtseinstrübungen soll nie Flüssigkeit eingeflößt werden. Die Maulschleimhaut kann aber mit Kaffee, Tee oder auch einfach mit Wasser befeuchtet werden. Der Hund wird vorsichtig getragen oder seitlich mit tiefliegendem Kopf und herausgezogener Zunge auf einer Decke gelagert, die, von zwei Personen an den

„Peppermint"-Welpen
auf Erkundungstour

Ecken stramm gezogen, auch als „Tragbahre“ dient.

Am Unfallort sind meistens die Diagnose und vor allem eine wirksame Schockbehandlung erschwert. Telefonisch sollte zur Vermeidung unnötiger Wege und Zeiten ein dienstbereiter Tierarzt verständigt und umgehend aufgesucht werden.

Lahmheiten können viele Ursachen haben. Als erstes wird die Pfote untersucht. Dornen oder Splitter werden ausgezogen. Verfilzte Haare drücken zwischen den Ballen wie ein Stein im Schuh; sie werden daher vorsichtig ausgeschnitten. Wunde Stellen werden wie Hautverletzungen behandelt. Im Winter müssen Streusalzreste von den Pfoten abgewaschen werden.

Bei Krallenbettentzündungen können warme Kamillen- oder Seifenbäder Linderung bringen. Lose Krallenteile werden an der Bruchstelle beherzt abgeschnitten. In vielen Fällen ist ein Verband erforderlich. Er muß fachkundig angelegt werden, um Druckstellen zu vermeiden.

Bei Schwellungen, Prellungen und Verstauchungen kann das Fell des betroffenen Körperteils mehrmals täglich mit kaltem Wasser durchnäßt werden. Das wirkt wie ein Kühlverband, lindert den Schmerz und hemmt – frühzeitig angewendet – weitere Schwellungen. Wenn ein Bein überhaupt nicht belastet wird, besteht Verdacht auf Knochenbruch. Bei stark abnormer Beweglichkeit können die Gliedmaßen durch eine Notschiene ruhiggestellt werden.

Andauernde, wiederkehrende oder sich verschlimmernde Bewegungsstörungen sind stets ein Fall für den Tierarzt. Das Humpeln auf einem Hinterbein wird nicht selten durch eine Ausrenkung der Kniescheibe oder durch Riß von Bändern bedingt, die operativ fixiert werden müssen.

Vergiftungen sind meist „Unglücksfälle“ und nur selten böse Absicht. Rattengift kann bei unsachgemäßem Auslegen direkt, aber auch mit vergifteten Nagetieren aufgenommen werden. Meist handelt es sich um Cumarinpräparate, die zu inneren Blutungen führen. Vorsicht ist auch bei Schädlings- und Unkrautbekämpfungs- sowie bei Frostschutzmitteln geboten. Hochgiftige Thallium-, Zinkphosphid- und Arsenzubereitungen, Blausäure und Strychnin sind heute gottlob kaum noch erhältlich. Die besten Überlebenschancen bestehen, wenn man „auf frischer Tat“ das Gift wieder aus dem Magen herausbefördern kann. Der Tierarzt kann Erbrechen durch eine Spritze auslösen, der Laie durch Eingeben von zwei bis drei Teelöffeln Salz. Nach dem Erbrechen kann eine Aufschwemmung von etwa zehn Kohlekompretten eingeflößt werden. Milch wird nicht gegeben, weil verschiedene Gifte fettlöslich sind. Etwa vorhandene Hinweise auf die Art des Giftes ermöglichen eine rechtzeitige, gezielte tierärztliche Behandlung.

Ungewisser sind die Aussichten, wenn die Vergiftungsfolgen wie Krämpfe, Mattigkeit oder Brechdurchfall schon eingetreten sind, die Ursache aber nur vermutet werden kann. Eine genaue Diagnose ist oft erst durch Spätschäden wie Blutungen oder Haarausfall möglich. Dann kann es für eine Rettung bereits zu spät sein.

Durchfall ohne Fieber ist häufig durch einen Fastentag zu bessern. Der Hund erhält ausschließlich verdünnten Tee mit einer Prise Salz, aber ohne Zucker. Statt dessen ist Süßstoff zur Geschmacksverbesserung erlaubt. Keinesfalls darf Durchfall durch Wasserentzug „behandelt" werden; der Körper würde zu stark austrocknen. Zusätzlich ist es nie verkehrt, eine Aufschwemmung von Kohlekompretten einzugeben. Am zweiten Tag erhält der Hund in kleinen Portionen ein Diätfutter, zum Beispiel Beefsteakhack, Schmelzflocken und rohen, geriebenen Apfel. Am dritten Tag muß der Durchfall deutlich gebessert sein.

Verstopfungen lassen sich oft durch rohe Leber oder Milz oder durch drei bis fünf Teelöffel zehnprozentiger Dosenmilch bessern. Bei krampfhaftem vergeblichen Drängen kann ein Mikroklistier Erfolg bringen. Bei einer Verhärtung von Knochenteilen im Enddarm hilft allerdings meist nur ein fachgerechter Einlauf.

Erbrechen ist keine selbständige Krankheit. Einmaliges Erbrechen kann durch zu hastiges Fressen, zu kaltes Futter oder Aufnahme von Fremdkörper ausgelöst werden. Gelegentliches Erbrechen ist beim Hund ohne große Bedeutung. Um zu erbrechen, frißt der Hund häufig Gras. Geschieht das regelmäßig oder wird ständig das Futter erbrochen, muß ein Tierarzt hinzugezogen werden. Auch Durchfall und Erbrechen mit Fieber sind kein Fall für Hausmittel.

Scheinschwangerschaft tritt bei manchen Hündinnen etwa acht Wochen nach der Läufigkeit auf. Sie sind unruhig, „bemuttern" irgendwelche Gegenstände, fressen schlecht und erbrechen gelegentlich. Das Gesäuge schwillt, Milch bildet sich. Abhilfe schafft häufig wenig Fressen und Trinken bei viel Bewegung und Beschäftigung. Das Gesäuge kann mehrmals täglich mit kaltem Wasser befeuchtet werden, um Schwellung und Milchproduktion zu hemmen. Keineswegs soll die Milch ausgedrückt werden. Damit würde nur die weitere Milchbildung angeregt. Bei sehr starker Gesäugeschwellung und trotz Hausmitteln nicht nachlassenden Erscheinungen muß der Tierarzt verständigt werden.

Insektenstiche, vor allem durch das Schnappen nach Wespen und Bienen verursacht, können schnell zu erheblichen Schwellungen am Kopf oder, noch schlimmer, im Rachen führen. Äußerliche Kühlung mit Eiswürfeln und eine Tablette gegen Allergie –

falls zur Hand – ersparen oft nicht die möglichst rasche tierärztliche Behandlung.

Alarmzeichen

Fieber ist eine Abwehrreaktion des Körpers, meist auf Infektionen. Die Hundenase kann auch beim kranken Hund feucht und kühl sein. Die Temperatur muß mit einem Fieberthermometer fünf Minuten im Mastdarm gemessen werden. Sie darf nicht über 39 °C liegen.

Untertemperaturen unter 37,5 °C entstehen infolge einer Reduzierung der Stoffwechselvorgänge häufig vor dem Tod.

Husten, als ob ein Knochen im Hals säße, tritt bei Mandelentzündungen auf. Ernstere Infektionen wie Zwingerhusten oder gar Staupe können vorliegen. Pumpende Atmung entsteht durch eine Lungenentzündung, aber auch durch Wasseransammlung in der Lunge, zum Beispiel infolge von Vergiftungen. Bei alten Hunden kann der damit verbundene Husten auch auf eine Herzschwäche zurückzuführen sein. Bauchpressen und Aufblasen der Backen sind Zeichen höchster Atemnot.

Schleimhäute im Auge und im Fang geben Hinweise auf innere Erkrankungen: Blässe deutet auf Blutarmut hin, Gelbfärbung auf Leberschäden mit Gelbsucht, Blutungen auf schwere Infektionen oder Vergiftungen, eine bläuliche Färbung tritt bei Herz- und Kreislaufschwäche auf.

Kot und Urin mit Blutbeimengungen lassen schwerwiegende krankhafte Veränderungen vermuten. Bei Blutungen im Magen und in den vorderen Darmabschnitten kann der Stuhl durch das verdaute Blut pechschwarz aussehen. Nierenerkrankungen können auch mit erhöhtem Durst verbunden sein. Wenn Mattigkeit und Mundgeruch hinzukommen, ist meist bereits eine Harnvergiftung eingetreten. Harnsteine, Blasenriß oder Vergiftungen können dazu führen, daß überhaupt kein Urin mehr abgesetzt wird; es besteht dann höchste Gefahr. Geschwülste, Prostatavergrößerungen und Mastdarmveränderungen erschweren den Kotabsatz. Verhärtete Knochenteile können den Enddarm völlig verstopfen. Erbrechen und zunehmende Mattigkeit bei fehlendem Kotabsatz sprechen für Darmverschluß oder einen Fremdkörper im Darm.

Speicheln wird im harmlosesten Fall durch Fremdkörper in der Maulhöhle oder durch lose Zähne verursacht, bedenklicher wäre eine E 605-Vergiftung oder Pseudowut, schlimmstenfalls ist an Tollwut zu denken.

Umfangsvermehrungen des Bauches bei sonst normalem Ernährungszustand oder zunehmende Abmagerung können durch Tumore oder Bauchhöhlenwasser hervorgerufen werden. Bei einer Gebärmuttervereiterung besteht gleichzeitig fast immer starker Durst, gelegentlich auch Scheidenausfluß. Eine plötzliche Aufblähung des Bauches mit Kolik und Kreislaufschwäche, bedingt durch eine Magendrehung, erfordert unverzügliche Operation.

Infektionen bedrohen die Gesundheit

Staupe und ansteckende Leberentzündung (Hepatitis) sind Viruskrankheiten, die für Junghunde besonders gefährlich sind, aber auch ältere Hunde befallen. Staupe beginnt mit einem häufig kaum merkbaren, kurzen Fieber, dem nach etwa acht Tagen eine schwere Lungenentzündung mit eitrigem Augen- und Nasenausfluß oder ein Durchfall folgen kann.

Eine besondere Verlaufsform ist mit einer Verhärtung der Ballen verbunden. Nach scheinbarer Besserung treten nervöse Erscheinungen bis hin zu Krämpfen auf, die meistens zum Tod führen.

Nach überstandener Staupe bleibt häufig ein nervöses Zucken der Kopfmuskeln, der „Staupetik", nach Erkrankungen im Junghundealter das „Staupegebiß" mit erheblichen Zahnschmelzdefekten zurück.

Die ansteckende Leberentzündung verläuft ähnlich, mit hohem Fieber, Apathie und Appetitlosigkeit. Hornhauttrübungen können bleibende Folgeschäden sein.

Stuttgarter Hundeseuche (Leptospirose) wird durch Bakterien verursacht und von Hund zu Hund übertragen. Sie beginnt häufig mit einer Schwäche in den Hinterbeinen. Geschwüre im Maul, Magen und Darm sind mit aasartig-faulem Maulgeruch und blutigem Durchfall verbunden.

Tollwut tritt bei Hunden nur noch selten auf. Die Seuche wird vor allem durch Füchse übertragen. Hinweisschilder warnen in gefährdeten Gebieten vor Tollwut.

Die Krankheit ist besonders tükkisch: Die typischen Wuterscheinungen mit heiserem Gebell, Wasserscheue, Unruhe und unmotivierter Beißwut fehlen häufig. Die „stille Wut" ist im Anfangsstadium schwer zu erkennen. Ein erkranktes Tier stirbt immer.

Parvovirose ist eine Viruskrankheit, die sich bei Hunden aller Altersgruppen in schweren, durch Erbrechen und Durchfall gekennzeichneten Erkrankungen äußert. Bei Welpen kann plötzlicher Herztod auftreten. Der Erreger ähnelt dem Katzenseuchevirus; eine wechselseitige Ansteckung zwischen Hund und Katze ist jedoch nicht möglich.

Die Ansteckung erfolgt über Ausscheidungen von Hund zu Hund, aber auch durch Verschleppung angetrockneter Ausscheidungen, z. B. an Kleidungsstücken.

Impfungen schützen vor diesen Infektionskrankheiten

Welpen in gefährdeten Zuchten oder ungeimpfte Hunde mit verdächtigen Krankheitserscheinungen können mit einem Serum behandelt werden, das fertige spezifische Abwehrstoffe enthält. Diese „passive Immunisierung“ schützt aber nur für zwei bis drei Wochen. Der Käufer eines Hundes sollte den Impfpaß daraufhin genau prüfen.

Länger dauernder Schutz vermittelt nur die „aktive“ Schutzimpfung. Dabei werden abgeschwächte oder abgetötete Infektionserreger eingeimpft. Der Körper reagiert darauf mit der Bildung eigener Abwehrstoffe. Bei den heute üblichen Kombinationsstoffen kennzeichnen die Buchstaben S, H, P, L und T die Wirksamkeit gegen die in Frage kommenden Seuchen. Welpen werden mit sechs bis acht Wochen das erste Mal geimpft und müssen dann nach Impfplan nachgeimpft werden. Bei älteren Hunden genügt eine ein- bis zweimalige Grundimmunisierung.

Der einmal gebildete Impfschutz baut sich im Laufe der Zeit ab. Kommt der Hund mit betreffenden Seuchenerregern in Berührung, so wird die Antikörperbildung aufgefrischt. Ist der Impfschutz aber bereits zu stark abgesunken, kann der Hund erkranken. Deshalb sind Auffrischungsimpfungen im Abstand von ein bis zwei Jahren erforderlich.

Gegen die seit einiger Zeit wieder in bedrohlichem Umfang auftretenden Staupe ist die **jährliche** Impfung dringend zu empfehlen, zumal bei einigen Kombinationsimpfstoffen der Staupeschutz ein Schwachpunkt zu sein scheint.

Ein sicherer Impfschutz des Hundes ist auch für den Menschen wichtig. Erkrankte Hunde können Leptospiren übertragen, die beim Menschen das Canicola-Fieber oder die Weilsche Krankheit hervorrufen. Hundetollwut ist wegen des engen Kontaktes für Menschen viel gefährlicher als Wildtollwut. Geimpfte Hunde übertragen keine Tollwut. Nach einem Kontakt mit verdächtigem Wild brauchen sie deshalb auch nicht getötet zu werden, wie dies für ungeimpfte Hunde gesetzlich vorgeschrieben ist. Schließlich können sie auf Auslandsreisen mitgenommen werden.

Gegen andere Infektionen schützt Vorsicht

Toxoplasmose wird durch einzellige Schmarotzer hervorgerufen. Ihr Stammwirt ist die Katze. Bei anderen Tieren werden ansteckungsfähige Dauerformen gebildet. Hunde erkranken überwiegend durch infiziertes

Schweinefleisch. Für die Ansteckung des Menschen wurden sie früher zu Unrecht verantwortlich gemacht.

Aujeszkysche Krankheit wird ebenfalls durch Schweinefleisch übertragen. Unstillbarer Juckreiz, Unruhe, Ängstlichkeit und Speichelfluß haben gewisse Ähnlichkeit mit Tollwut. Die Krankheit wird daher auch „Pseudowut" genannt. Schweinefleisch und in der Zusammensetzung unbekannte Fleischmischungen (z. B. aus Supermärkten) müssen deshalb gut durchgekocht werden. Fertigfutter und Rindfleisch sind dagegen unbedenklich.

Zwingerhusten tritt vor allem in Tierheimen und Hundehandlungen auf. Unter begünstigenden Umständen lösen Viren und Bakterien gemeinsam Entzündungen von Luftröhre und Bronchien aus. Kennzeichnend ist ein kurzer, trockener Husten. Sekundärinfektionen können den Krankheitsverlauf verschlimmern. Einen gesunden Hund kauft man mit größerer Wahrscheinlichkeit beim Hobbyzüchter. Während des Urlaubs sollte man seinen Hund nicht in unbekannte Heime oder Pensionen geben oder ihn vorsorglich auch gegen Zwingerhusten impfen lassen.

Wurmkuren gegen unerwünschte Kostgänger

Spulwürmer können bei Junghunden zu Verdauungs- und Entwicklungsstörungen, zu Vergiftungserscheinungen und sogar zum Tod führen. Fast alle Welpen werden im Mutterleib mit Spulwürmern infiziert. Die ersten Wurmkuren soll schon der Züchter durchführen. Junghunde werden vierteljährlich entwurmt. Ältere Hunde beherbergen nur noch einzelne Würmer. Sie richten zwar keinen großen Schaden an, sind aber eine ständige Infektionsquelle. Hündinnen sollten zumindest sechs Wochen nach jeder Läufigkeit, Rüden mindestens einmal jährlich entwurmt werden. Bei festgestelltem Wurmbefall ist eine sofortige Entwurmung mit einer Wiederholungsbehandlung nach zwei bis drei Wochen erforderlich. Rohe Möhren garantieren keine Wurmfreiheit. Wirksame und verträgliche Mittel sind verschreibungspflichtig. Sie wirken auch gegen andere Rundwurmarten, zum Beispiel gegen Hakenwürmer.

Spulwürmer sind auf ihre Wirtstierarten spezialisiert; wenn der Mensch Hundespulwurmeier aufnimmt, schlüpfen zwar Larven und beginnen ihre Wanderung im Körper, sie bleiben jedoch in Organen oder Muskeln stekken und können dort schmerzhafte Entzündungen verursachen. Besonders gefährdet sind „Krabbelkinder". Wurmkuren dienen daher auch dem Gesundheitsschutz der Familie. Auf Kinderspielplätzen haben Hunde nichts zu suchen.

Bandwürmer brauchen für ihre Entwicklung stets einen Zwischenwirt.

Für den Hundebandwurm ist dies der Floh. Er nimmt die Wurmeier auf, aus denen sich eine Finne entwickelt. Der Hund „knackt" den Floh – die Finne wächst im Hundedarm zum fertigen Bandwurm aus. Mit dem Kot erscheinen nach geraumer Zeit einzelne kürbisförmige, anfangs noch bewegliche Bandwurmglieder oder ein längeres, deutlich gegliedertes Wurmende. Es gibt heute neben speziellen Spulwurm- und Bandwurmmitteln auch Präparate, die gegen beide Parasitenformen wirksam und dabei gut verträglich sind. Empfehlenswert ist eine systematische vierteljährliche Wurmbehandlung des Hundes. Zur Bandwurmkur gehört stets eine Flohbehandlung von Hund und Lager.

Besonders bei Jagdhunden kann auch der „gesägte Bandwurm" auftreten, dessen Zwischenwirte Hasen und Kaninchen sind. Andere Bandwurmarten, die durch Fisch oder Wild, Rinder- oder Schafeingeweide übertragen werden, kommen seltener vor. Dazu zählt der „dreigliedrige Bandwurm", der als einziger auch dem Menschen gefährlich werden kann. Der Hund sollte zur Vorbeuge keine rohen „Konfiskat"-Innereien erhalten und daran gehindert werden, Kadaver von Wildtieren anzufressen. Für Menschen besonders gefährlich ist der vor allem in einigen Gegenden Mittel- und Süddeutschlands verbreitete „Fuchsbandwurm", der auch durch Hunde übertragen werden kann. Neben regelmäßigen Bandwurmkuren ist es die beste Vorbeuge, den Hund in Wald und Flur anzuleinen.

Gefahren für die menschliche Gesundheit?

Impfungen und Wurmkuren schränken Ansteckungsgefahren ein. Hygiene tut ein übriges: Selbstverständlich hat der Hund sein eigenes Lager und Futtergeschirr; beides ist peinlich sauber. Rasen und Wege werden von Hundekot freigehalten. Der Hund wird so erzogen, daß er das Gesicht nicht ableckt. Das Belecken der Hände ist Ausdruck seiner Zuneigung. Man darf sie dulden, denn man kann sich die Hände anschließend waschen. Vorsichtige können Lager, Hütte und andere hygienegefährdete Stellen und Gegenstände regelmäßig desinfizieren. Die Mittel sollen gegen Viren, Bakterien, und Pilze wirken. Zur Schnelldesinfektion eignet sich ein „Desinsektspray", der auch Ektoparasiten abtötet. Besonders angezeigt sind solche Maßnahmen, wenn der Hund eiternde Wunden, Ekzeme, Furunkel oder eine Vorhaut-, Zahnfleisch- oder Mandelentzündung hat. Diese Infektionen sind konsequent zu behandeln. Eitererreger können auch beim Menschen Komplikationen verursachen. Vorsicht ist stets bei schlecht heilenden oder sich ausbreitenden Ekzemen geboten: Räudemilben sind zwar auf Tierarten „spezialisiert", können jedoch auch beim Menschen juckende Hautrötungen verursachen. Hautpilzinfektionen sind auf Menschen übertragbar. Daher sollte man umgehend eine Spezialuntersuchung und Behandlung veranlassen. Pilzinfektionen entstehen nur, wenn sich die Erreger länger als 12 bis 24 Stunden auf der menschlichen Haut einnisten können. Gründliches Waschen bannt die Gefahr. Zusätzliche Sicherheit bietet ein Handdesinfektionsmittel, das nach Berührung verdächtiger Stellen oder Ausscheidungen in die Hände eingerieben wird.

Allergien sind auch durch größte Sauberkeit nicht immer zu vermeiden. Einige Menschen reagieren bei Kontakt mit Tierhaaren und -hautteilen mit Ausschlägen oder Atembeschwerden. Katzen, Meerschweinchen und Vögel sind viel öfter als Hunde die Auslöser; viele andere pflanzliche und tierische Stoffe kommen hinzu. Die Allergieursache kann von einem Hautarzt durch Spezialtests auf der Haut ermittelt werden. Auf Verdacht braucht also kein Hund abgeschafft zu werden. Und vor der Anschaffung eines Norfolk- oder Norwich Terriers brauchen auch gesundheitsbewußte Hundefreunde nicht zurückzuschrekken.

Norfolk und Norwich Terrier im Alter

Niederläufige Terrierrassen gelten zu Recht als zäh und äußerst langlebig.

Norfolk und Norwich Terrier können bei sorgfältiger Haltung und Pflege durchaus 12 Jahre und länger unsere Weggefährten sein. Manche lassen dabei häufig bis zum 8. Lebensjahr kaum die Spur eines Alterungsprozesses erkennen – ganz davon abgesehen, daß die in den Jahren gewachsene Zuneigung und Vertrautheit zwischen Norfolk oder Norwich Terriern und ihren Zweibeinern physische Veränderungen eher nebensächlich erscheinen lassen. Gerade deshalb ist es jedoch hilfreich, sich einmal deutlich zu machen, wieviele Menschenjahre welchem Hundealter entsprechen.

An dieser Stelle scheint der Hinweis geboten, daß die gängige Umrechnungsformel, die ein Hundejahr pauschal 7 Menschenjahren gleichsetzt, als unbrauchbar angesehen werden muß. Zwar ist im Hinblick auf das Altern kaum eine Rasse wie die andere, und innerhalb einer Rasse erst recht kein Hund wie der andere. Dennoch kann nach dem aktuellen Stand der veterinärmedizinischen Erkenntnis für kleinwüchsige Rassen beim Vergleich des menschlichen Lebensalters mit dem des Hundes unter Berücksichtigung der von Niemand entwickelten Altersformel folgende Beziehung als hinreichend aussagefähig gelten: Es entspricht

- das erste Hundejahr 15 Menschenjahren,
- das zweite Hundejahr 9 Menschenjahren und
- jedes weitere Hundejahr 4 Menschenjahren.

Doch bei aller Vitalität beider Rassen – wobei die des Norfolk noch stärker ausgeprägt ist als die eines Norwich Terriers: Auch Norfolk und Norwich Terrier müssen, wenn das 10. Lebensjahr näher rückt, dem Alter ihren Tribut zollen. Bei all ihrem immer noch vorhandenen Tatendrang benötigen sie jetzt doch mehr Schlaf und längere Ruhepausen, den früher so geschätzten Sprinteinlagen ziehen sie nun dosierte Bewegungsübungen vor, und allmählich lassen auch Gehör und Sehkraft etwas nach.

Jenseits des 10. Lebensjahres schließlich beginnt das Haar an Fang und Oberkopf ein wenig zu ergrauen.

Altersgerechte Haltung und Pflege erfordern jetzt vor allem:

- Ein Mehr an Zuwendung durch seine Bezugsperson, zumindest aber menschliche Nähe und einen

warmen Ruheplatz mit einer weichen Unterlage.
- Einen Futterplan, der statt einer großen zwei bis drei kleinere Mahlzeiten vorsieht; diese sollten aus hochwertigen, leicht verdaulichen Nahrungsmitteln bestehen und mit Vitamin-Mineralstoffzusätzen angereichert sein.
- Eine besonders sorgfältige Zahn- und Fellpflege.
- Mindestens eine jährliche Gesundheitskontrolle durch den Tierarzt. Bei Hündinnen ist häufig das Entfernen von Eierstöcken und Gebärmutter angezeigt, um Scheinträchtigkeiten und Schlimmeres zu vermeiden.

Wer die Anhänglichkeit und Zuneigung eines alternden Norfolk oder Norwich Terriers erlebt hat, wird nun zunehmend ernsthaft darüber nachdenken, wann der nächste Norfolk oder Norwich Terrier das Familienrudel ergänzt. Deshalb ist es tröstlich zu wissen, daß das Wohlbefinden unseres „Alten" keinesfalls leidet, wenn jetzt ein Norfolk- oder Norwich-Welpe ins Haus kommt, um einen kontinuierlichen Übergang zu sichern. Als die anerkannte „Nr. 1" der Rangordnung wird unser Alter den Zuwachs gern akzeptieren und im Zweifel die denkbar beste Erziehungshilfe leisten.

Gerade einem alten Hund im Krankheitsfalle besondere Pflege zuteil werden zu lassen, sollte selbstverständliche Pflicht eines jeden Tierfreundes sein. Einen alten, unheilbar kranken Hund indessen nicht von seinen Leiden zu erlösen, heißt, ihn aus menschlicher Schwäche quälen –, wobei die Art der Schwäche bei Hundehaltern und manchen Tierärzten durchaus sehr unterschiedlich sein mag. Wenn Ihr alt gewordener Norfolk oder Norwich Terrier nicht friedlich in seiner vertrauten Umgebung sterben kann, weil er durch eine erlösende Spritze vor einem schmerzhaften Dahinsiechen bewahrt werden muß, so ist es sicherlich kein Zeichen von Tierliebe, ihn jetzt beim Tierarzt allein zu lassen: Halten Sie ihn in Ihren Armen, damit er angstfrei die erlösende Injektion bekommen kann, und nutzen Sie so die letzte Möglichkeit, Ihrem Hund für seine Treue und Zuneigung zu danken.

Anschriften, die Sie kennen sollten

Bundesrepublik Deutschland
Verband für das Deutsche Hundewesen e. V. (VDH)
Westfalendamm 174
D-44141 Dortmund

Klub für Terrier e.V. von 1894 (KfT)
Postfach 13 28
D-65442 Kelsterbach/Main

Dänemark
Dansk Terrier Klub
Asøvej 20
DK-4171 Glumsø

Luxemburg
Union Cynologique Saint-Hubert du Grand-Duché de Luxembourg
Rue Huberty 42
L-Luxembourg

Österreich
Österreichischer Kynologen-Verband (ÖKV)
Joh.-Teufel-Gasse 8
A-1238 Wien

Österreichischer Klub für Terrier
Haymogasse 55/6
A-1238 Wien

Niederlande
Raad van Beheer op Kynologische Gebied in Nederland
Postbus 5901
NL-1007 A. X. Amsterdam Z.

Norfolk Terrier Club Nederland
Sekretariat
Brinkenhofse Straat 12
NL-6838 AB Arnheim

Schweiz
Schweizerische Kynologische Gesellschaft (SKG)
Falkenplatz 11
CH-3012 Bern

Belgien
Club Royal Belge de Terriers
Sekretariat
Chaussée du Clorbus 107
B-7700 Mouscron

F.C.I.
Fédération Cynologique Internationale
13 Place Albert I
B-6530 Thuin/Belgien

Großbritannien
The Kennel Club
1 Clarges Street, Piccadilly
GB-London W 1

USA
The American Kennel Club
51 Madison Avenue
USA – New York, NY 10010

Die Hauptgeschäftsstelle des
Klub für Terrier e.V.
Schöne Aussicht 9
D-65451 Kelsterbach
Tel.: 0 61 07/23 65
ist auch Welpenvermittlungsstelle für die Rassen Norfolk und Norwich Terrier.
Interessenten können sich dort nach aktuell gemeldeten Welpen dieser Rasse erkundigen oder das Züchterverzeichnis des KfT für die Rassen Norfolk und Norwich Terrier (Züchtertafel der Fachzeitschrift DER TERRIER) anfordern. Dieses Verzeichnis enthält die Namen, Anschriften und Telefonnummern sowie die Zwingernamen von Züchtern, die den strengen Zuchtbestimmungen dieses VDH-Vereins verpflichtet sind.

Literatur

FOURNIER, BARBARA S.: How to raise and train a Norwich Terrier, Neptune City, N. J., 1967

HORNER, TOM: Terriers of the World, London 1984

MARVIN, JOHN T.: The Book of all Terriers, New York 1971

MONCKTON, SHEILA: The Norwich Terrier, Wolverhampton, o. J.

READ, JOAN R.: The Norfolk Terrier, Livermore, Calif., 1989

DER TERRIER, Heft 9/85, 78. Jahrgang (Rasseheft Norfolk und Norwich Terrier)

HUTCHINSON'S DOG ENCYCLOPAEDIA, London 1935

TERRIER TYPE, Vol. 29, 7/1990, The Norfolk und Norwich Terrier in America

DOGS MONTHLY, Vol. 7, 9/1989, Norfolk and Norwich Terrier Feature

ATLAS OF DOG BREEDS OF THE WORLD, Neptune City, N. J. 1987

Weiterführende Literatur aus dem Verlag Paul Parey, Hamburg

BEYERSDORF, P., 1993: Dein Hund auf Ausstellungen. 2. Auflage.

BURTZIK, P., 1996: Erziehung und Ausbildung des Hundes. 5. Auflage.

FIEDELMEIER, L., 1983: Kauf, Pflege und Fütterung des Hundes. 3. Auflage.

KOBER, U.; PEPER, W., 1995: Pareys Hundebuch. 2. Auflage.

PEPER, W., BOTTENBERG, G., 1993: Der Cairn Terrier. 3. Auflage.

PEPER, W.; 1993: West Highland White Terrier. 6. Auflage.

POORTVLIET, R., 1987: Mein Hundebuch. 2. Auflage.

QUEDNAU, F., 1987: Rechtskunde für Hundehalter.

SCHMIDTKE, H.-O., 1984: Gesundheitsfibel für Hunde. 2. Auflage.

STEEN, W., 1992: Terrier. 4. Auflage.

STEEN, W., 1996: Hochläufige Terrierrassen. In Vorbereitung.

WEIDT, H., 1993: Der Hund, mit dem wir leben: Verhalten und Wesen. 2. Auflage.

Ulrich Kober/Wilfried Peper
Pareys Hundebuch
Ein Leitfaden für die zeitgemäße Hundehaltung. 2., überarbeitete und ergänzte Auflage. 1995. 271 Seiten mit 252 Abbildungen, davon 210 farbig. Gebunden 58,– DM

Pareys Hundebuch läßt keine Frage offen. Rasseunabhängig werden alle Themen behandelt, die zu einer zeitgemäßen Hundehaltung gehören, von der Abstammung über Sinne, Verhalten, Erziehung, Ernährung bis zur Zucht. Mit mehr als 250 Abbildungen, davon alleine ca. 170 Hunderassen der Welt in Farbe.

Heinz Weidt
Der Hund, mit dem wir leben: Verhalten und Wesen
2. Auflage. 1993. 231 Seiten mit 91 Abbildungen, davon 27 farbig. Gebunden 48,– DM

Die das Verhalten des Hundes unwiderruflich prägende und für das Verhältnis Mensch-Hund entscheidende Entwicklungsphase (bis zur 14. Lebenswoche) wird analysiert, beschrieben und mit Abbildungen dokumentiert. Selten wurden verhaltensbiologische Erkenntnisse über den Hund so verständlich und praxisnah vermittelt.

Peter Burtzik
Erziehung und Ausbildung des Hundes
Aus der Praxis – für die Praxis. Reihe »Dein Hund«. 5., überarbeitete Auflage. 1996. 128 Seiten mit 36 Abbildungen, davon 17 farbig. Kartoniert 22,– DM

Leni Fiedelmeier
Kauf, Pflege und Fütterung des Hundes
3. Auflage, bearbeitet und ergänzt von Robert Dietz. 1983. 55 Seiten mit 25 Abbildungen, davon 22 Fotos. Kartoniert 14,80 DM

Wie kommt man zu einem Hund? Wie ernährt man einen Welpen, und wie macht man ihn folgsam? Auf diese und andere Fragen gibt das Buch Antwort.

Hans-Otto Schmidtke
Gesundheitsfibel für Hunde
Ein Ratgeber für Hundehalter. 2., völlig neubearbeitete Auflage. 1984. 56 Seiten mit 15 Abbildungen, davon 8 Fotos. Kartoniert 14,80 DM

Freimut Quednau
Rechtskunde für Hundehalter
1987. 201 Seiten. Kartoniert 22,– DM

Quednau stellt die mit der Hundehaltung verbundenen Rechtsfragen bezüglich Haltung und Haftung auch für juristische Laien leicht verständlich dar.

Peter Beyersdorf
Dein Hund auf Ausstellungen
Aus der Praxis – für die Praxis. Reihe »Dein Hund«. 2., überarbeitete Auflage. 1993. 118 Seiten mit 27 Abbildungen, davon 7 farbig. Kartoniert 22,– DM

Rien Poortvliet
Mein Hundebuch
Aus dem Holländischen übertragen. 2. Auflage. 1987. 232 Seiten mit mehr als 750 zumeist farbigen Zeichnungen. Format 28 x 22 cm. Gebunden 64,– DM

Was Rien Poortvliet hier geschaffen hat, ist einfach mehr als ein Hundebuch herkömmlicher Art. Das ist eine spannende, bunte, vielversprechende Entdeckungsreise in die Welt der Hunde: Hunderte von farbigen Zeichnungen, Skizzen und Bildern. In die brillante Galerie von mehr als 80 Hundeporträts streut Poortvliet seine Geschichten und Anekdoten von Hunden und Menschen. Ein meisterhaftes Buch für alle Hundefreunde.

Noch mehr Hundebücher? Den aktuellen Prospekt »Pareys Hundebücher« schicken wir Ihnen auf Anforderung gerne zu.

HUNDE

Zu beziehen durch jede Buchhandlung. Preisstand: September 1995. Spätere Änderungen vorbehalten.

Verlag Paul Parey Hamburg

PAUL PAREY